Paulus Hochgatterer
Über Raben Roman

Rowohlt Taschenbuch Verlag

*Für die bösen Kinder
und die schlechten Lehrer*

Veröffentlicht im Rowohlt Taschenbuch Verlag,
Reinbek bei Hamburg, Februar 2004
Copyright © 2002 by Franz Deuticke
Verlagsgesellschaft m.b.H., Wien – Frankfurt/Main
Umschlaggestaltung any.way Andreas Pufal
(Foto: Getty Images)
Satz Quadraat PostScript bei
Pinkuin Satz und Datentechnik, Berlin
Druck und Bindung C.H.Beck, Nördlingen
Printed in Germany
ISBN 3 499 23467 x

Die Schreibweise entspricht den Regeln
der neuen Rechtschreibung.

Aus dem Walde tritt die Nacht,
aus den Bäumen schleicht sie leise,
schaut sich um in weitem Kreise,
nun gib Acht.

Hermann von Gilm

eins

Manchmal fragte er sich, ob in den allerletzten Augenblicken sein Leben tatsächlich vor ihm ablaufen würde wie ein innerer Film. Wenn er an zwei Fingern über einem Abgrund hing, fragte er sich das, oder wenn ihm im Stürzen klar wurde, dass der Haken, der ihn halten sollte, von einer fremden Person geschlagen worden war. Wenn er einen dieser glasklaren Kindersätze las: «Das Leben war wieder einmal schwer» zum Beispiel oder: «Er lachte, bis ihm das Herz wehtat», fragte er sich das, und er tat es bei weitem öfter als früher, seitdem Max nicht mehr da war. Widmann, der Biologe, sagte, tot sei tot, das hänge mit einem Kollaps aller Nervenzellen zusammen und ein Kino im Kopf sei ein aufgelegter Schwachsinn. Inzwischen gehörte Widmann längst zu jenen, die hinter ihm her waren. Widmanns Nervenzellen wussten unter Garantie, dass sie zu kollabieren hatten, wenn es so weit war.
Für einen Moment überlegte er, das Auto zu verstecken, hielt dann aber doch auf dem üblichen Parkplatz, einer seichten, vielleicht zwanzig Meter langen Bucht im Hang, an. Kein anderes Fahrzeug stand da. Er stieg aus und sah sich um. Über den Bäumen am Fuß der Felswände lag eine Nebelbank. Sie hatte die Form eines flachen Tellers. Der Schnee war an der

Oberfläche gefroren und brach bei jedem seiner Schritte mit einem leisen Krachen ein. Das Außenthermometer des Volvo hatte zuletzt minus elf Grad angezeigt. Oben würde es wärmer sein. Bei Schönwetter herrschte in diesem Abschnitt des Tales immer eine Inversionslage.

Er ging nach hinten und öffnete den Kofferraum. Er nahm die Schier heraus, lehnte sie ans Auto und zog die Steigfelle auf. Mit der Handkante strich er die Wellen weg. Die Felle waren grellorange; eigentlich absurd, doch seit es diese bunten Felle gab, hatte er die altmodischen schwarzen unerträglich gefunden. Er löste die Bindungsarretierung und legte die Schier nebeneinander in den Schnee. Er fixierte die Teleskopstöcke bei 125 Zentimeter, jener Länge, die für den Aufstieg passte. In einem der Stöcke machte seit einiger Zeit irgendetwas ein metallisches Geräusch, wenn man ihn heftiger bewegte; vermutlich ein kleiner loser Teil, eine Schraubmutter oder so. Das ängstigte ihn manchmal, doch der Stock tat seinen Dienst.

Er schnallte das graue Segeltuchetui mit dem Gewehr an einer der Außentaschenhalterungen des Rucksackes fest. Er sicherte es mit einer Reepschnur, indem er sie durch den Tragegriff des Etuis zog und an der Deckelschlaufe des Rucksackes verknotete. Mitsamt dem Gewehr wog der Rucksack etwas mehr als achtzehn Kilo. Das würde zu bewältigen sein.

Er stieg in die Schitourenschuhe. Sie waren alt. Am rechten Schuh war der Kabelzug der obersten Schnalle gerissen. Für den Aufstieg bedeutete das keinen Nachteil, und über die Abfahrt würde er nachdenken, wenn der Rest der Geschichte erledigt war, auf die eine oder andere Weise. Außerdem war er zuletzt vom Gipfel des Antelao abgefahren, ohne ir-

gendwas zu merken. Die Sache war ihm wieder zu Bewusstsein gekommen, als er die steilsten Passagen längst hinter sich hatte und bei der Querung eines Lawinenkegels auf den harten Rippen plötzlich spürte, dass er rechts weniger Halt um den Knöchel hatte als links. In der Folge hatte er bei den engen Schwüngen zwischen den Bäumen einige Schwierigkeiten gehabt, doch das war vermutlich mehr auf seine Verunsicherung zurückzuführen gewesen als auf das gerissene Drahtkabel.
Die Sonne schob sich über die Kante jener mächtigen dunklen Felskuppe, die talauswärts im Fluss lag. Die weiße Fläche, die sich bis zu den Bäumen hin erstreckte, strahlte auf. Ein Schwarm Dohlen fiel ein, zog knapp über dem Boden kreischend zwei, drei Schleifen und ließ sich in den Wipfeln der Fichten nieder. Auf der Straße fuhr der Postbus vorbei.
Er saß zur Seite gedreht auf dem Beifahrersitz, die Füße im Schnee. Er aß einen Marsriegel und trank den Rest des Früchtetees, den er knapp nach fünf Uhr früh, unmittelbar vor seiner Abfahrt, in die Thermosflasche gefüllt hatte. Für einen Augenblick stellte er sich vor, wie es wäre, das Auto in den Fluss rollen zu lassen, am Waldrand einen brusthohen Wall aus Schnee aufzuschütten und gleich hier zu warten, das Gewehr im Anschlag. Er verwarf die Idee jedoch sofort wieder. Der Tee war eine Spur zu süß, wie immer, wenn er eine größere Sache vorhatte. Er hielt sich an die alten Regeln. Im Training bleiben. Punktuelle Höchstbelastungen zwischendurch. Ab drei Tage vor Antritt praktisch nur noch Kohlehydrate, am Schluss vor allem Zucker. In der Lücke zwischen dem zweiten und vierten Backenzahn rechts oben hing ein Gemisch aus Honig und Milchschokolade. Vor drei Wochen war dort noch ein tobendes Etwas gewesen. Der Zahnarzt hatte über gut

eine Stunde hinweg geflucht, während er ihm die Eiterherde aus dem Kieferknochen fräste. Sofern er nicht ein Yogi sei oder irgendein rätselhaftes neurologisches Phänomen, sei es völlig undenkbar, dass er nicht zumindest zwei Wochen lang verkehrt herum die Decke entlangmarschiert sei, hatte der Zahnarzt gesagt. Yogi war er unter Garantie keiner, das wusste er. Zum Schmerz hatte er allerdings eine eigene Beziehung. Wenn man das ein neurologisches Phänomen nennen wollte – na gut. Er habe eine Menge Zeit, sich zu überlegen, ob er eine Brücke haben wolle oder ein Implantat, hatte der Zahnarzt gesagt, er könne freilich nicht versprechen, dass der Knochen für ein Implantat tragfähig genug sein werde. Es war eine beunruhigende Vorstellung, dass einer seiner Knochen für etwas nicht tragfähig genug sein sollte. Er hatte jedenfalls über fünf Tage hinweg ein Antibiotikum geschluckt, nicht wegen des Knochens, sondern um einer bakteriellen Streuung vorzubeugen. Man hörte ja immer wieder von Nierenschäden oder Herzmuskelentzündungen. Beides konnte er im Moment nicht wirklich brauchen.
Kurz war er versucht, den Wagen offen zu lassen. Dann kam es ihm aufgesetzt vor. Er schloss ab, steckte die Handschuhe in die Außentaschen seiner Fleecejacke und nahm den Rucksack auf.
Er folgte anfangs dem Sommerweg, in mäßiger Steigung zwischen Erlen und Birken gerade empor. Die jungen Bäume warfen ein zartes Schattennetz auf den Schnee. Er begann langsam. Er wollte nicht ins Schwitzen kommen. Die kalte Luft biss ihn am Kinn. Irgendetwas fehlte. Er kam nicht drauf. Er verzichtete vorerst darauf, die Bindungssteighilfe zu verwenden. Auf diese Weise wurden die Wadenmuskeln besser gedehnt.

Vor zwei Jahren war er mit Elvira noch auf dem Mont Blanc und auf dem Grand Combin gewesen. Auf der Heimfahrt hatten sie auf einem Parkplatz nach Feldkirch zu vögeln versucht und waren vom Verkehrsfunk, den er vergessen hatte abzustellen, außer Tritt gebracht worden. Danach hatte sie diese spöttisch hängenden Mundwinkel bekommen und begonnen davon zu reden, wie fordernd er nicht sei. Wenige Wochen später hatte sie das Parfum gewechselt. Diese Klischees stimmten alle.

Er querte ein breites, trogförmiges Bachbett. Der Schnee lag hier in Knöchelhöhe angeweht, fluffig locker, beinahe wie frisch gefallen. Es war keine andere Schispur zu sehen. Das beruhigte ihn. Er stieg den Gegenhang in einer langen Schräge empor. Die Felle hielten ausgezeichnet. Oberhalb einer Geländekante tauchten unvermittelt die Wände auf. Im Halbrund Planspitze, Rosskuppe, Dachl, Hochtor, Ödstein, die Gipfel im flammenden Rot der flach stehenden Sonne. Geschlossener Fels, fünf Kilometer lang, tausend Meter hoch, ein enormes, vertikal gestelltes Theater. Mittendrin zog lotrecht die dunkle Linie der Verschneidung nach oben, exakt zwischen, links, der Rosskuppenkante und, rechts, den glatten Platten des Dachl. Seine Verschneidung. Er grinste. Seine Verschneidung, so ein Käse.

Das Kar, das er betrat, hatte die Form eines lang gestreckten, liegenden Halbkegels. In seinem unteren Bereich war es mit locker stehenden Lärchen, weiter oben mit Gruppen von Krummföhren bewachsen. Alles lag noch im Schatten. Im Sommer, wenn er gut im Training war, lief er das Kar in knapp vierzig Minuten hinauf. Jetzt lief er gar nicht. Er begann sein rechtes Knie zu spüren. Das hatte nichts mit den Zähnen zu tun; er wusste es.

Die Rothenberg war mit Sicherheit auch dabei, in handgenähten Damenbergschuhen und in der beigen Daunenjacke mit der pelzgesäumten Kapuze. «Abyssus abyssum invocat», würde sie sagen, oder: «Homo homini lupus». Dann würde sie kurz die Oberlippe hochziehen und zu Nausch ins Auto steigen. Dort konnte sie Nausch dann die Zettelchen zeigen, die sie regelmäßig auf ihrem Schreibtisch fand: «Quis concubit Herminae? Wer fickt die Rothenberg?» oder: «Wie fellationiert es sich mit einer Gebissprothese?» Er wusste, von wem die Zettel stammten, und die Rothenberg wusste, dass er es wusste. Dafür hasste sie ihn, unter anderem.

Er bückte sich und brachte die Steighilfen in Position. Die Waden waren genug gedehnt. Das Knie würde auf diese Weise ein wenig entlastet werden. Seit mehreren Jahren war es ihm vertraut, dieses Gefühl, als fresse sich die Kniescheibe langsam am Oberschenkelknochen fest. Er hatte einige dieser Attacken hinter sich gebracht, als Peichl, ein junger Rheumatologe, draufgekommen war, dass die Beschwerden im Gelenk mit den Schuppenherden auf seiner Kopfhaut und an seinen Ellbogen zu tun hatten. Wenn es besonders arg war, schluckte er Voltaren oder irgendein anderes Antirheumatikum, bisher freilich nie länger als eine Woche.

Er liebte das leise Zischen der Felle und die Art, in der sich der Schnee vor den Schispitzen zusammenschob, bei jedem Schritt, und er liebte das klackende Geräusch, wenn die Ferse des Tourenschuhes auf die Steighilfe schlug. Es fiel ihm die Kette aus blassgrünen Jade-Ellipsoiden ein, die die Rothenberg offenbar nie ablegte, und es fiel ihm ihr Hals ein, der den Charakter einer eigenartigen Trockenfrucht besaß. Dann fiel ihm das Mädchen ein, seine gepolsterten Unterarme, seine abstehenden Ohren und der gelbe Haarreifen, den es in letzter Zeit ständig getragen hatte. Der bockige Ausdruck im Gesicht des Mädchens fiel ihm ein und der Satz, den es am Beginn des Semesters in einem Aufsatz geschrieben hatte: «Wenn du die Sommerferien nicht so hundertprozentig magst, sagen alle: du spinnst.» Jetzt waren die Sommerferien weit weg, und das war recht so.

Max fehlte ihm. Früher hatte er sich immer wieder vorgestellt, wie es sein werde, mit Max in die Berge zu gehen. Elvira musste geahnt haben, was er sich vorstellte. Irgendwann hatte sie jedenfalls begonnen, ihm den Kleinen abspenstig zu machen, Schritt für Schritt. Jetzt befand sich Max vermutlich gerade im Kindergarten, ließ sich von einem stärkeren Kind prügeln oder spielte mit den anderen BiBaButzemann. Elvira hatte nie alternative Erziehungsansichten gehabt. Alles war einfach so passiert.

Vielleicht hundert Meter oberhalb querten zwei Gämsen in die Schneefläche des Kares hinein. Um diese Jahreszeit, wenn sie das grobe graue Winterfell trugen, hatten auch Gämsen etwas Stolzes. Im Sommer wirkten sie auf ihn immer eher einfältig, wie Ziegen eben. Die beiden Tiere ließen sich Zeit. Schritt für Schritt legten sie ihre Spur und starrten zwischendurch zu ihm herab. Er dachte an das Gewehr, daran, wie er sich seinerzeit zwischen den Modellen von Mauser und Grünig&Elmiger nicht hatte entscheiden können und schließlich das Matchgewehr von Weatherby genommen hatte. Es hatte am wenigsten gekostet und außerdem war ihm dieser dauerquatschende Verkäufer, der in jedem Satz zumindest einmal «Winchester-Kaliber» hatte sagen müssen, unsäglich auf die Nerven gegangen. Möglicherweise hatte seine damalige Wahl eine große Sportschützenkarriere verhindert. Für sein jetziges Vorhaben taugte das Weatherby allemal. Dass es eine Spur nach links unten zog, war ihm vertraut. Außerdem hatte er sich später das Tasco Supersnider dazugekauft, ein Zielfernrohr, von dem wirklich niemand sagen konnte, er habe dabei auch nur irgendwie ans Geld gedacht.

Die letzten Reste der tellerförmigen Nebelbank waren dabei, sich zu verflüchtigen. Es war noch nicht spürbar wärmer geworden. Er hielt direkt auf die Gämsen zu, möglichst gleichförmig in der Bewegung, um sie nicht zu erschrecken. Die Tiere scharrten mit den Vorderhufen im Schnee und stießen die Schnauzen hinein, so als sei dort weiß Gott was zu finden. Angeblich gab es Flechten, die nach nichts aussahen, auf Steinen wuchsen und dennoch so was wie ein Nährstoffkonzentrat waren. Sie hießen Islandmoos oder möglicherweise auch ganz anders. Widmann hätte es mit Sicherheit gewusst, auch wenn eher Genetik und Molekularbiologie seine Spezialgebiete waren. Er stellte sich vor, wie Widmann da unter dem Schnee lag, zwischen all den Flechten und Islandmoosen, und wie die Gämsen mit ihren Hufen und Mäulern sein Gesicht freilegten und er ihnen schließlich entgegenstarrte, verblüfft und zugleich mausetot. Er stellte sich vor, dass Widmann seinen olivgrünen Rollkragenpullover trug und seine braune Raulederjacke, und stellte sich vor, dass er schon länger nicht beim Friseur gewesen war und ihm einige Haarsträhnen auf dem blassvioletten Gesicht klebten. Warum es Leute gab, die einen von Anfang an hassten, wusste keiner.

In dem Augenblick, in dem die Gämsen begannen, in langen Sätzen schräg abwärts aus dem Kar zu fliehen, nahm er wahr, dass das metallische Klicken in einem der Teleskopstöcke wieder da war. Er zerlegte die Stöcke in jeder Saison zumindest einmal und fand nie etwas.

Gämsen hatten in dieser Region keine natürlichen Feinde. Bären und Steinadler gab es höchstens als seltene Gäste. Den Winter gab es, ja, das war richtig. Der Winter fraß die Gämsen manchmal auf. Runde Augen, dachte er, runde schwarze Augen. Er fragte sich, ob ein Luchs eine Gämse reißen könnte.

Unterhalb eines schrofigen Felsbuckels wandte er sich nach Westen. In seinem linken Augenwinkel stand die dunkle Kälte der aufragenden Wand. Mit einem Mal wusste er, was ihm weiter unten abgegangen war: der Geruch. Diese Mischung aus der Säure der Lattichblätter, dem Harz der Kiefern und der Schärfe des feuchten Kalkfelses, die von März bis November in dem Kessel hing, fehlte.

In der Luft lag der Frost wie ein Körper aus Glas. Der Hauch seines Atems löste sich eine knappe Handbreit vor seinem Gesicht auf. Er erinnerte sich an jenen Jännersonntagmorgen, an dem ihm in der Ostwand des Piz Badile der Hammerkopf zersprungen war. Er erinnerte sich an den hellen, ewig nachsingenden Ton, daran, wie sein Blick dem in weitem Bogen abfliegenden Stahlfragment gefolgt war und wie es ihm schließlich dieses lange Lachen herausgestoßen hatte, ein Lachen, das vollkommen in der Einsamkeit lag und ganz nah am Tod. «Erfrieren oder abstürzen?», hatte er gedacht. Er hatte sich für das Abstürzen entschieden, hatte die Haken im Rucksack verstaut und war zum Gipfel geklettert. Einige Zeit später hatte ihm Robert Fauler jene Geschichte zu lesen gegeben, in der Hermann Buhl auf dem Fahrrad zur Badile-Ostwand angereist war. Er hatte sich gefragt, ob Buhl auch gelacht hatte, damals oder in jenem Moment, in dem ihm an der Chogolisa die Wechte unter den Füßen weggebrochen war.

Er kam an den Rand einer flachen Doline. Im Mai blühten hier die blaue Clematis und der Frauenschuh. Das Mädchen hatte ihm am letzten Tag vor Weihnachten einen kleinen runden Strauß gebracht, Buchsbaum, Ilex und Feuerdorn, mit orangeroten Beeren. «Auf dem Balkon abgeschnitten», hatte es gesagt, «mit der Papierschere, rappzapp.» Dabei hatte es gegrinst, ein wenig böse und ein wenig schuldbewusst. Ansonsten waren diese Weihnachten die beschissensten seines Lebens gewesen. Er hatte erst seinen Vater besucht und seine Geschenke abgeliefert, einen Akku-Rasierer von Braun und einen Bildband über die Geschichte der Post in Österreich. Sein Vater war hektisch gewesen und unleidlich, so als ob er jemanden erwartete. Er war daher gleich wieder gegangen, hatte sich in einem ziemlich miesen Lokal hinter der Votivkirche zwei oder drei gemischte Biere genehmigt und den Auftritt bei Elvira und Max dementsprechend versaut. Elvira hatte geschwiegen, und Max hatte an ihm vorbeigeschaut und die Geschenke gezählt.

Das Knie. Er bückte sich und brachte die Steighilfen in die höchste Position. Es machte die Sache nicht besser, im Gegenteil. Wenn es so weiterging, würde er seinen Fahrplan nicht einhalten können. Im Endeffekt war das allerdings ziemlich egal. So rasch würden sie nicht hier sein. Er legte die Spur knapp oberhalb einer solitär stehenden Fichte vorbei. Es war jene Stelle, an der man üblicherweise zum ersten Mal die grüne Fahne neben der Hütte sehen konnte. Im Winter gab es keine Fahne. Er machte einige schnellere Schritte. Prompt wurde ihm schlecht. Es gab nichts Ekelhafteres, als wenn einem vor Schmerz schlecht wurde. Er blieb stehen und lehnte sich schwer auf die Stöcke. Sie quietschten leise. Unter dem linken Teller gab der Schnee ein Stück nach. Er

versuchte möglichst gleichmäßig zu atmen und dachte an die Sommersprossen auf Elviras Hintern. Erstens ging nach wie vor kaum etwas darüber, und zweitens wirkte die Vorstellung prompt gegen seine Übelkeit.
Für den Rest der Strecke brauchte er deutlich länger als eine halbe Stunde.
Das winzige Blockhaus mit seinen schwarzen Balken und dem niedrigen Pultdach schmiegte sich an den Fuß eines mächtigen, allseits überhängenden Kalkmonolithen. Er lehnte Schier und Stöcke neben die Eingangstür. Den Schlüssel für das Alpenvereins-Winterschloss hatte er vor Jahren unerlaubterweise nachmachen lassen. Die ewige Ausborgerei war ihm zuwider gewesen. Alle hatten sie nachgemachte Schlüssel, Gerhard Weiss, Sepp Stadler, Robert Fauler, Mike Lukacs. Dass das Schloss wieder einmal klemmte, ärgerte ihn.
Im Inneren der Hütte roch es nach abgestandener Kälte und eine Spur nach Katzenfutter. Kälte und Katzenfutter – seit einiger Zeit immer das Gleiche, und er hatte keine Idee, bei welcher Gelegenheit das angefangen hatte. Es war jedenfalls zermürbend: Ganz egal, welchen Kühlschrank er öffnete – es roch nach Katzenfutter. Der Geruch nach Rauch, den er erwartet hatte, fehlte völlig. Das bedeutete, dass schon lange niemand da gewesen war. Er stellte den Rucksack auf dem einen Ende der Eckbank ab. Das Hüttenbuch lag auf dem Tellerbord unmittelbar darüber. Er streckte sich, belastete dabei vorsichtig beide Beine.
Fünfzehnter Jänner – ein Pärchen aus Salzburg. ‹Hohe Bewölkung und ein graugrünes Licht›, hatten die beiden eingetragen, ‹Höhenmesser konstant. Hochtor Nordwand, Pfannlroute.› Danach folgte nichts mehr. Sie waren entweder tot oder auf der Südseite abgestiegen.

Bis Weihnachten war kaum Schnee gefallen. Ständig hatte es Schönwetter gegeben, und die Temperatur war an manchen Tagen über zehn Grad plus geklettert. Erst nach Neujahr hatte es ein wenig geschneit. Er selbst war zwei Tage vor den Salzburgern da gewesen, um weiter oben das Depot anzulegen.

Immer noch unterschätzten Leute den Wulst in der vorletzten Seillänge, legten zu früh ihre Konzentration ab und knallten dann ein paar hundert Meter tiefer zwischen die Blöcke.

Es schüttelte ihn. Er überlegte kurz, sah den flachen Eisblock in dem braun und hellgrau emaillierten Topf auf dem Herd und beschloss, zuallererst einzuheizen. Der Windfang war bis zum Dach voll mit Holz, im Korb neben dem Herd fanden sich Zeitungen und Späne. Er öffnete erst das Putztürchen des Kamins, knüllte einige Blatt Papier hinein und entzündete sie, um den Pfropfen kalte Luft durch den Schornstein zu jagen. Tat man das nicht, drückte es unweigerlich Rauch in den Raum. Es gab kaum etwas, das er mehr hasste als diese spezielle Art von Rauch, die in fetten Wolken aus den Ritzen eines Herdes quoll. Im Feuerraum des Ofens stieß er auf halb abgebrannte Holzscheiter. Die Hinterlassenschaft des abgestürzten Salzburger Pärchens. Er dachte an damals, als ihm Elvira am linken Pfeiler des Piz Palü, mitten auf einer glatten Granitplatte im Übergang zwischen dem mittleren und dem oberen Drittel, einen geblasen hatte. Er hatte ihr ihr neues ärmelloses Jack-Wolfskin-Shirt spermamäßig total versaut. Sie hatte daraufhin einen Lachanfall bekommen, der bis zum Gipfel dauerte, und er musste die gesamte Reststrecke voranklettern.

Der Ofen zog prächtig, das war im Moment am wichtigsten.

Er löste das Gewehr vom Rucksack und hängte es zwischen den Stockbetten an einen der Wandhaken. Er dachte an Widmann und Nausch und an die Rothenberg und an Frey und die beiden Repkas. Sie würden die Suche vermutlich in der Stadt beginnen. Es gab keinen unmittelbaren Hinweis, dass er vorgehabt hatte zu verschwinden. Er kletterte trotzdem auf die Bank und kratzte mit einem Löffel aus der Bestecklade das Eis von den Fenstern. Auf diese Weise überblickte er den Großteil seiner Aufstiegsspur. Im Augenblick waren nicht einmal Gämsen zu sehen.

Er sortierte den Inhalt des Rucksackes auf den Tisch hin: die Goretex-Jacke, den Packen Unterbekleidung, die Alu-Proviantdose, die beiden Sturmfeuerzeuge, den Gaskocher samt Reservekartusche, das Hartschalenetui mit den Medikamenten. Stufe eins: zwei Tabletten Parkemed fünfhundert. Inzwischen funktionierte das Schlucken ohne Flüssigkeit bestens.

Er nahm sämtliche Töpfe, die er finden konnte, füllte sie vor der Hütte mit Schnee und stellte sie auf den Herd. Eine halbe Stunde, schätzte er, eine halbe Stunde, bis der Schnee geschmolzen sein würde, und eine halbe Stunde bis zum Nachlassen der Schmerzen.

Montag

Die Choco-Pops sind aus. Es ist der 29. Jänner, draußen scheint die Sonne, die Choco-Pops sind aus, und es liegt keine Spur von Schnee. Ich nehme den Rest Cornflakes, der seit Jahren in einem schmalen, hohen Tupperware-Behälter mit blauem Deckel vor sich hin vergammelt. Die Milch in den Mikro, eine Minute fünfzehn. Der Teller mit Winnie Puuh und dem Tigger steckt im Spüler. Ich denke nicht daran, ihn von Hand abzuwaschen. Ein weißer Suppenteller aus dem Schrank. Ratajczyk brummt heran und will mitessen, wie immer. Ratajczyk ist ein genetischer Irrtum, der einzige dreifärbige Hauskater auf dieser Erde, weiß, rot, dunkelbraun, das meiste weiß, die anderen Farben nur ein paar Flecken. Ratajczyk heißt nach einem Verteidiger bei Austria Wien, der ungefähr das gleiche Format hat und auch manchmal Bälle frisst. Er springt auf den Tisch und rammt mir den Schädel ins Gesicht. Ich verschütte Milch und Cornflakes, aber das ist ihm egal. Seine Nase ist feucht und zugleich ein wenig rau. Seine Zunge genauso. Fußball interessiert mich vielleicht eine Spur mehr als gar nicht, seit es den Kater gibt, das heißt, mich interessiert, wie manche dieser Fußballer aussehen. Luis Figo, zum Beispiel, oder Raúl oder Markus Schopp. Oder Michael Owen. Der hat vielleicht auch eine raue Zunge.

Auf der Terrasse wühlt eine Amsel die Blumentöpfe durch, einen nach dem anderen. Auf diese Weise kann ich mir heuer die gelben Krokusse aufzeichnen. Früher hat der Kater getobt, wenn er draußen einen Vogel gesehen hat. Jetzt kostet ihn das bestenfalls ein Schnurrbartzucken. Ich boxe ihn in die Seite. Er schwabbelt. Die Amsel singt. Ich möchte sie abschalten. Vogelgesang macht mich seit einiger Zeit nervös.
Aufgeweicht schmecken die Cornflakes nur ein ganz klein wenig vergammelt. In Wahrheit schmecken sie gar nicht vergammelt. Das liegt an dieser schrecklichen Tupperware-Dichtheit. Nicht einmal Vergammelungskeime können eindringen. Wie stirbt ein Postamtsleiter? Der wirkliche Ratajczyk sieht übrigens komisch aus mit seinem beinah kahl geschorenen Kopf. Das heißt, nicht eigentlich komisch, eher brutal, aber nicht nur.
Einkaufszettel: Choco-Pops, zwei Packungen, Milch, Kartoffelchips, und zwar nicht die dicken, geriffelten, Eistee Pfirsich, Eier, Paprika gelb, Paprika rot. Manche Leute halten es für schick, nur noch geriffelte Chips zu essen.
Ich schlüpfe in die zinnoberrote Stretchhose, in das dunkelblaue T-Shirt mit den großen weißen Sternen und in den neuen Kapuzenpulli von Champion. Dann lege ich mich noch einmal hin. Ich lege mich immer noch einmal hin, bevor ich am Morgen in die Stiefel steige. Ratajczyk legt sich auf mich. Er tut das auch immer. Alle reden vom Zwitschern und von den Frühlingsboten. Keiner traut sich zu sagen, dass Amseln total unsympathische Vögel sind.
In der Straßenbahn sagt eine dicke Frau süßlich und zugleich wichtigtuerisch: «Ein Gruß von Ostern mitten im Winter.» Ich wette, sie ist Bürokraft bei der Kfz-Zulassungsstelle oder bei irgendeinem vertrockneten Anwalt. Sie kann

sich den Gruß von Ostern über ihren Schreibtisch hinplakatieren, bunt auf grün. Der rechte Tragriemen schneidet in meine Schulter, obwohl ich ihn exakt gleich lang eingestellt habe wie den linken. Vielleicht bin ich schief gewachsen. Vielleicht sehe ich in Wahrheit selbst aus wie so ein weiblicher Quasimodo, und der Kapuzenpulli und das T-Shirt mit den Sternen und die Stretchhose und einfach alles sind total lächerlich. Die dicke Frau zieht mich mächtig hinab, ich merke das. Ich gehe zu ihr, schaue ihr direkt in die kleinen, flattrigen Augen und sage: «Ich sehe schon, wie zu Ostern das Cholesterin Ihre Herzkranzgefäße verstopfen wird.» Sie schnappt ein paarmal ohne Laut nach Luft, dann sind wir am Schottentor, und ich steige aus. Osterhasenschreck, hätte ich noch sagen können, fällt mir draußen ein, Eierdiebin, Frau Hinabzieherin, aber es macht nichts. Die Aktivisten einer Tierschutzgruppe attackieren wieder einmal die Passanten. Ratajczyk ist ein Intelligenzbolzen gegen diese Figuren. Dass Cholesterin Adern verstopft, ist natürlich ein Blödsinn, aber die Dicke hat es glatt geglaubt. Wenn du den Leuten mit dem Tod kommst, kriegen sie alle eine geistige Behinderung, augenblicklich.

In dem einen Schaufenster in der Schottentorpassage, in dem achtzehn oder sechsundzwanzig Fernsehapparate aufeinander gestapelt sind, läuft in allen gleichzeitig ein Filmtrailer, in dem Tommy Lee Jones in vollem Lauf aus einer Nebelwolke auftaucht, verfolgt von zwei Typen auf Motorrädern, wobei es den einen gleich schleudert und er in eine Ansammlung von Mülltonnen knallt, während der zweite Typ durch ein Stück Regenrinne, das Tommy Lee Jones abmontiert und in Kopfhöhe durch die Gegend schwingt, außer Gefecht gesetzt wird. Ich glaube zumindest, dass es Tommy Lee Jones ist. Au-

ßerdem ärgere ich mich darüber, dass in solchen Filmen ständig Ansammlungen von Mülltonnen herumstehen, nur damit man mit Autos oder Motorrädern hineinknallen kann. Ich weiß, es ist lächerlich, aber so etwas kann mich unglaublich ärgern.
Es gibt viele Rätsel auf dieser Welt. Zum Beispiel wie ich es schaffe, täglich um drei Minuten vor acht da zu sein. Vielleicht hat es mit einer genetisch fixierten inneren Uhr zu tun. Wenn man Leute wochenlang in finstere Räume sperrt, stellt sich ihre innere Uhr angeblich auf eine Tageslänge von 25 Stunden ein. Ich halte das für einen Blödsinn, aber wer kann das schon überprüfen, wo doch heute nicht einmal mehr in Gefängnissen Leute in dunkle Räume gesperrt werden.
Weibl steht an der Tür und glotzt. Das hat auch mit genetischer Fixierung zu tun. Er hat eine Hornhautverkrümmung und sieht mit seinen dicken Brillengläsern dauerglotzig aus. Im Vorbeigehen schiebe ich mein Gesicht bis auf zehn Zentimeter an seine Brillengläser heran. «Du Eierdieb», sage ich, «du ziehst mich runter.» Er zeigt mir den Mittelfinger. «Er hat den richtigen gefunden», sage ich zu Susanne. «Wer hat was gefunden?», fragt sie. «Weibl hat den richtigen Finger gefunden», sage ich. «Wofür», fragt sie, «wofür hat er den richtigen Finger gefunden?» – «Vergiss es», sage ich. Susanne trägt eine beige Bluse mit zu großem Kragen und Jeans, die ihren Hintern aussehen lassen, als käme er frisch aus der Schrottpresse, schön viereckig und zugleich doch ein wenig verzogen. Außerdem hat sie seit sechs Tagen ein Piercing im linken Nasenflügel, das ich seit sechs Tagen konsequent ignoriere. Da sie rechts von mir sitzt und ich den Goldknubbel im Gesichtsfeld habe, sobald ich mich ein paar Grad hinüberdrehe, erfordert das einige Mühe, zugegeben. In letzter

Zeit ist mir überhaupt nicht danach, Nasenflügelpiercings zu loben.
Es läutet und Petrau kommt nicht. Es ist jede Woche dasselbe, und es ärgert mich jede Woche gleich. Herumstehende Filmmülltonnen ärgern mich und Musikprofessoren, die blind jeden Ton erkennen, den du am Klavier anschlägst, aber die Schulglocke nicht hören, ärgern mich auch. Dann jeiert er wieder dahin, wie belastend es nicht sein kann, das absolute Gehör zu besitzen und durch lächerliche Frequenzunterschiede geradezu körperlich gequält zu werden. «Wir singen ihm was vor», sagt Gert manchmal, «ein Drittel singt ein C, ein Drittel ein Cis und der Rest den Ton dazwischen.» Wir haben es noch nie wirklich ausprobiert, obwohl ich die Idee im Prinzip für realisierungswürdig halte. Wobei das die erste und letzte und einzige Idee ist, die ich von diesem Herrn jemals für realisierungswürdig halten werde. Und außerdem ist die Genauigkeit mit C und Cis und dem Ton dazwischen völlig überflüssig; wir brauchen nur irgendwelche Töne zu singen, ad libitum, oder wie das heißt, und Petrau wird leiden.
Ich beuge mich schräg nach links hinten zu Simone. «Wie stirbt ein Postamtsleiter?», frage ich. Sie schweigt und denkt nach. Simone ist ein besonnener Mensch, der immer erst nachdenkt, bevor er irgendwas antwortet. «Postamtsleiter», fragt sie dann, «heißt das nicht Postmeister?» Ich könnte sie küssen für diese Art von Genauigkeit, das heißt, manchmal küsse ich sie tatsächlich, nur im Moment nicht, weil Petrau eben hereinkommt. Weibl macht hinter ihm die Tür zu und glotzt in den Raum. «Postmeister heißt es auf dem Land, glaube ich», gebe ich zur Antwort, «hier in der Stadt heißt es Postamtsleiter.» – «Postamtsleiter im Postamt Wallnerstra-

ße», sagt Simone. «Ja», sage ich, «oder Postamtsleiter 1023, zum Beispiel.» Wie sie ausgerechnet auf Wallnerstraße kommt, weiß ich nicht. Jedenfalls steht dann Petrau da, mächtig wie ein Monument, und stellt irgendwelche Pauken und Trompeten auf volle Lautstärke. Nachher erzählt er etwas von dieser Feuerwerksmusik, und mir gefällt, ich weiß nicht, warum, die Vorstellung, dass der Vater von Georg Friedrich Händel Arzt war. Außerdem werde ich mir merken, dass das Stück im Green Park in London uraufgeführt wurde, denn Green Park ist ein nettes Wort. Petrau spielt den Anfang der Sache noch einmal vor und fragt, welche Instrumente uns beim Hinhören abgegangen sind. Christoph zeigt tatsächlich auf und sagt: «Die Raketen!» Die Hälfte der Klasse findet das unheimlich lustig, was natürlich zur Folge hat, dass die Musik gestoppt wird und wir uns augenblicklich der Frage zuwenden, ob die parallele Tonart zu A-Dur f- oder fis-Moll ist. Diese Reaktion war auszurechnen, doch ebenso wäre auszurechnen gewesen, dass Gert dieselbe Antwort gegeben hätte, hätte Christoph seine Hand nicht zwei Zehntelsekunden früher oben gehabt. Also ist es komplett wurscht. F-Moll, fis-Moll, f-Moll, fis-Moll. Wenn Petrau sich ärgert, frisst er seinen Bart. Manchmal lässt er jemanden an der Tafel freihändig Notenlinien ziehen, das allerdings nur am Montag, denn am Donnerstag sind wir im Musikzimmer, und die Tafel dort ist sowieso voll mit vorgezogenen Notenlinien.

Jemand tupft mir aufs linke Schulterblatt, im rechten Augenwinkel sehe ich eine von Susannes fettigen Locken sich über den beigen Blusenkragen ringeln, und plötzlich schießt mir heiß die Befürchtung ein, Simone könne im nächsten Moment sagen: «Eine Briefbombe – ein Postamtsleiter stirbt natürlich durch eine Briefbombe.» Ich wende mich vorsichtig um. «Wie oder woran?», zischt mir Simone ins Ohr. «Meinst du: wie stirbt ein Postamtsleiter? oder: woran stirbt ein Postamtsleiter?» In Gedanken küsse ich sie ständig für ihre Genauigkeit. «Wie und woran», sage ich, «beides: wie stirbt er? und: woran?» Lukas Meineck steigt vorne von einem Fuß auf den anderen. Er malt den Violinschlüssel letztlich doch auf die falsche Linie. Petrau steht einen kurzen Schritt neben ihm, ist doppelt so groß und frisst seinen Bart. Ich erinnere mich, dass er vorhin erzählt hat, die Feuerwerksmusik sei aus Anlass der Beendigung der österreichischen Erbfolgekriege uraufgeführt worden. Im Green Park in London, der ja mitten in Österreich liegt. Manchmal ist Erbfolge eine klare Angelegenheit. Zum Beispiel, wenn es nur einen Sohn gibt oder nur eine Tochter.

Lukas Meineck und Stefanija (weil sie es kann) und Petrau und Gert (weil er eine Schinkensemmel und eine Dose Red Bull vor sich aufgebaut hat) schreiben Tonarten an die Tafel, Dur und Moll, natürlich, harmonisch, melodisch und Halbtonschritte von hinnen nach dannen. Dann freut es Petrau nicht mehr. Er schickt Dominik Fetz und Meineck um die Videokombination. Er kündigt uns für Mitte März eine schriftliche Überprüfung an, außerdem, dass er im nächsten Semester mit den Beurteilungen wesentlich härter sein wird.

Wir sehen einen uralten Film mit Leonard Bernstein, schwarz-weiß, gesprochener Text in Englisch. Gert öffnet laut seine Red-Bull-Dose. Petrau wirft ihn aus der Klasse. Gert nimmt die Dose mit und macht im Hinausgehen noch einen Schluck. Einige hoffen auf den Direktor. Es heißt, er hat es seit einiger Zeit auf Gert abgesehen. Aber es heißt auch, er ist gelegentlich bei Gerts Eltern zum Essen eingeladen.

Die Lubec stiefelt in ihrem silberglänzenden Donna-Karan-New-York-Trainingsanzug durch den Umkleideraum. Sie trägt wichtig eine monströse Soundmachine vor sich her. «Wir haben heute schon Musik gehabt, Frau Professor», sagt Caroline und lacht blöd. «Man kann nie genug Musik hören», sagt die Lubec und lacht auch blöd. Christina steckt in einer neuen blassgelben Nike-Kombination, die wirklich schön und um zwei Nummern zu groß ist. Das sagt ihr allerdings keine. Christina bekommt kaum jemals etwas Neues. Außerdem ist sie extrem empfindlich. Ich stecke in meiner verwaschenen blauen adidas-Kombination, die nie schön war und inzwischen um zumindest zwei Nummern zu klein ist. Das braucht mir keine zu sagen. Yvonne trägt einen apricotfarbenen Bügel-BH, obwohl sie nie im Leben einen nötig hat. Sie verseucht mit einem höllischen Deospray in kürzester Zeit die gesamte Raumluft. Regina, die einen Hauch davon direkt abbekommt, hebt ihre Wimpern genau einen Millimeter. «Ich schätze, ich werde dir den BH zerschneiden», sagt sie halblaut. Jede traut ihr das zu.
«Eins weiß ich sicher», flüstert mir Simone zu, nachdem wir Aufstellung genommen haben, «die Lubec wird einmal an ihrer Magersucht sterben.» – «Ja», sage ich, «wird sie – ganz langsam.» Die Lubec hat Ohren wie ein Luchs. «Nichts da ganz langsam», kreischt sie und klatscht in die Hände, «hurtig geht's jetzt ab, meine Damen.» Zu einer völlig gestörten, südamerikanisch klingenden Nummer sollen wir allerhand Dinge tun, die zwischen Aerobic und Schigymnastik liegen. Vor allem Dehnungen sind heute dran, Wade und Gesäß und Nacken und diverse Muskelpartien, die man wahrscheinlich nur bei einer Magersüchtigen identifizieren kann. Der Schneidermuskel scheint es der Lubec besonders ange-

tan zu haben. Zehn Minuten quälen wir uns ab mit etwas, das weder ein Spagat noch eine Kniebeuge ist. Susanne beginnt mittellaut zu stöhnen. «Brauchst du einen Arzt?», fragt Yvonne. «Nein, keinen Arzt», antwortet Susanne und überdreht hysterisch die Augen. Ich bekomme plötzlich den unbändigen Drang, der Lubec irgendetwas mit aller Kraft über den Rücken zu ziehen, ein Stück Stromkabel vielleicht oder einen frisch geschnittenen Haselnussstecken. «Der Kragen deiner Bluse ist viel zu groß», sage ich zu Susanne, «deine Haare brauchen dringend eine Wäsche, und dein Hintern wird immer quadratischer.» Sie wendet sich demonstrativ ab. Tauehklettern. Nini und Stefanija kommen immer noch nicht rauf. Die Lubec wird den beiden eine Vier geben. Magersüchtige sind besonders ehrgeizig; das kann man in jeder Zeitschrift lesen. Ich selbst komme auch erst seit ein paar Wochen rauf. Beim Völkerball wirft Regina den Ball wieder so, als wolle sie die anderen töten. Sie gewinnt trotzdem nicht. Es ist ihr egal. Die Lubec hat angeblich einen Sohn, der im Akademischen in die fünfte Klasse geht und ausgesprochen gut aussieht. Manche behaupten, sie hätten ihn schon gesehen. Ihr Mann zeigt sich niemals.
Simone ist die Einzige, die nach jeder Turnstunde duscht. Yvonne behauptet, sie dusche nicht, weil sie Angst um ihren BH habe. Regina schaut sie völlig ohne Ausdruck an. Ich dusche diesmal auch, ausnahmsweise. Ich borge mir Simones Duschbad. Es duftet nach Pfirsich. Simones Brustspitzen sehen aus wie Entenschnäbel. Sie wäscht sich sehr gründlich. Auch die Entenschnäbel wäscht sie, und ich bin ein klein wenig enttäuscht, weil sie keine Geräusche von sich geben. Eigentlich hätte ich Simone noch gerne etwas gefragt, aber es läutet in drei Minuten. Halbfeucht steigen wir in die Kleider.

Kein anderer ist da. Ich schaue an mir hinunter. «Ich werde nicht an Magersucht sterben», sage ich und lache. «Nein, du nicht», sagt Simone. Auch wenn wir zu zweit sind, bleibt sie meistens ernst.
Wieland trägt den Tafelzirkel unterm Arm. Das wirkt ein wenig lächerlich. Er legt als einer von wenigen Wert darauf, dass wir aufstehen, wenn er die Klasse betritt. Manche finden das ebenfalls lächerlich. Gert versucht regelmäßig, sitzen zu bleiben. Das bekommt ihm regelmäßig nicht so gut. Wieland ist fünfzig oder so in der Gegend, seit einigen Jahren Oberstudienrat und trägt einen grauen Bürstenhaarschnitt. Kurt Kraupp behauptet, Wieland habe eine Ausstrahlung wie ein Generalstabsoffizier, und er müsse es ja wissen, denn sein Vater sei schließlich tatsächlich Generalstabsoffizier. Ich schätze, Letzteres stimmt. Wenn Kurt Kraupps Vater auch nur annähernd eine Ausstrahlung besitzt wie Wieland, hat es der Herr Sohn jedenfalls nicht so schlecht erwischt.
Stefanija steht an der Tafel und konstruiert den Umkreismittelpunkt eines stumpfwinkeligen Dreiecks. Sie kann es, Wieland müsste eigentlich kein Wort sagen, und es scheint ihr auch von vornherein klar zu sein, dass in einem stumpfwinkeligen Dreieck der Umkreismittelpunkt außerhalb der Dreiecksfläche zu liegen hat. Wieland gibt sich Mühe, nicht allzu begeistert dreinzuschauen. Stefanija konstruiert auch noch den Höhenschnittpunkt und den Schwerpunkt und die Euler'sche Gerade. Ich schätze, sie ist dort in Rumänien in eine Hochbegabtenvolksschule gegangen. Dafür, dass sie dick ist, kann sie nichts. Sollte ihr die Lubec in Turnen tatsächlich eine Vier geben und ihr damit das Zeugnis versauen, würde nur klar werden, dass die Lubec die Existenz von

Menschen nicht erträgt, die total komplementär sind zu ihr selbst: viel Fleisch auf den Knochen und viel Hirn im Kopf. Mein Umkreis läuft zwei Millimeter am Eckpunkt C vorbei. Es liegt wahrscheinlich daran, dass meine Zirkelmine maximal stumpf ist. Außerdem neigen meine kurzen runden Finger von jeher zu einer gewissen Großzügigkeit.

Christoph scheint wieder einmal überhaupt nichts zu begreifen. Er kniet auf seinem Sessel und stößt kurze jammernde Laute aus. Wieland ersucht ihn, sich hinzusetzen und die schimpansenartigen Äußerungen bleiben zu lassen. Gert springt prompt auf und spielt den Affen, was wiederum prompt dazu führt, dass er an der Tafel weiterzeichnen darf. Manche Dinge sind bis ins Detail ausrechenbar. Stefanija zieht ein Stofftaschentuch aus ihrem Rock und wischt sich damit den Kreidestaub von den Fingern. Dann geht sie auf ihren Platz zurück. Sie hat ihr glattes, blauschwarzes Haar zu einem kurzen Pferdeschwanz gebunden. Ihr Mittelscheitel ist total unregelmäßig gezogen, aber das muss bei einer künftigen Nobelpreisträgerin vermutlich so sein. «Glaubst du, sie verachtet uns?», fragt Simone. «Dich nicht», sage ich. Ich merke, dass mich die Frage irritiert. «Manche sind ihr egal», sage ich. «Die meisten», sagt Simone, «ich nehme an, die meisten von uns sind ihr egal.» Ich weiß, dass das alles ein Käse ist, sage aber nichts mehr.

Christoph schleudert seinen Zirkel senkrecht nach oben. Beim zweiten Versuch bleibt er in einer der Deckenplatten stecken. Gert jubelt. Wieland schreibt irgendetwas in sein dunkelgrünes Notizbuch. Ein Gefühl sagt mir, dass es eher Gert betrifft als Christoph. «Unser Nichtrechner ist also auch ein Nichtzeichner», sagt Wieland zu Christoph, «aber er könnte Karriere beim Zirkus machen.» Es klingt eigent-

lich ganz freundlich. Christoph behauptet, er habe ein angeborenes Problem mit der räumlichen Orientierung und könne daher nicht rechnen, eine Art Legasthenie, wenn man wolle, so habe das zumindest seine Psychologin erklärt. Wenn er «meine Psychologin» sagt, wird er immer ganz ehrfürchtig. Gert verarscht ihn dann und sagt, seine Psychologin behaupte, er sei die größte Universalbegabung, die ihr in ihrer gesamten Berufslaufbahn untergekommen sei. Mein Psychologe ist kurzsichtig, dreifärbig und heißt nach einem polnischen Verteidiger, der bei Austria Wien spielt.
Bei Stefanija muss ich immer an diese abgemagerten rumänischen Waisenkinder denken und an die ausgestorbenen Städte in Siebenbürgen mit dauernd dem Schlamm auf den Straßen. Alles aus dem Fernsehen.
In der großen Pause gehe ich ins Parterre zum Buffet und kaufe eine Zimtschnecke. Blacky, der jüngere der beiden Schulwarte, steht selbst dort. «Was ist mit Judith?», frage ich. «Sie ist wieder einmal beim Arzt», knurrt Blacky. Judith betreut üblicherweise das Pausenbuffet. Sie leidet unter einer Art geistiger Behinderung, das heißt, sie kann ein wenig kopfrechnen und merkt sich die Namen und all diese Dinge, aber sie schaut einen nie direkt an und ist insgesamt irgendwie plemplem. Jedenfalls hat sie einen geschützten Arbeitsplatz bei uns an der Schule, und jedenfalls wird sie von den besonderen Geistesgrößen mit zweifelhaften Komplimenten und schwierigen Rechenaufgaben sekkiert. Sie ist zwanzig, und wenn einer dieser Trottel sagt: «Sie haben aber die hübschesten Knie auf dieser Welt, Fräulein Judith», wird sie rot übers ganze Gesicht und bringt zehn Minuten lang alles durcheinander.
Ich weiß nicht, wie viel Geld ich in Zukunft in der Börse ha-

ben möchte. Dreiundsechzig Euro kommen mir eindeutig zu wenig vor. Ich nehme einen Magerkakao zur Zimtschnecke. Es gibt nämlich keinen anderen. Ein Prozent Fett. Die Lubec würde auf der Stelle eine Panikattacke kriegen. Simone kauft ebenfalls einen Magerkakao. Sie isst dazu ein mitgebrachtes Salamibrot. Manche Menschen sind trotz Salamibrot dünn. Ich denke an die beiden Entenschnäbel. Wer weiß, was die so an Kalorien brauchen. Wenn Simone selbst über dick und dünn und so weiter spricht, erklärt sie es mit Hormonen und Körpertemperatur und Grundumsatz. Ihr Vater ist Apotheker und wird vermutlich ununterbrochen all diese Dinge gefragt. Vielleicht kommt auch daher ihr Hang zur Wissenschaftlichkeit.

In der Klasse steht Christoph oben auf einer Stehleiter und tut so, als wolle er seinen Zirkel bergen. Die Leiter wird durch Thomas Weibl und Leo Schlemmer gegen Gerts Scheinangriffe verteidigt. In Wahrheit ist er auch ein Verbündeter, und Christoph bohrt vier weitere Zirkel und drei Geodreiecke, ein großes und zwei kleine, in die Deckenplatte. Am Schluss reckt er triumphierend die Arme in die Höhe. Weibl und Schlemmer dürfen die Leiter in den Abstellraum neben dem Schulwartbüro zurücktragen. Ich krame in meinem Rucksack. Zirkel und Dreiecke sind vorhanden. Christina – unter anderem tippe ich auf Christina. Die Schwächsten kommen bei derlei Unfug immer dran. Susanne sitzt da und lacht blöd. Ihre Sachen stecken offenbar auch nicht im Plafond. Die Haselnusssplitter der Schneckenfüllung haben eine eigenartige Schärfe. Ich spüle sie mit Magerkakao weg. Lilly Bogner trägt ein dunkelgelbes Strickkleid, das ihre Figur unglaublich zur Geltung bringt. Sogar Gert starrt nur und vergisst auf seine anzüglichen Bemerkungen. Alle anderen starren auch, und Yvonne kriegt wahrscheinlich irgendeinen argen inneren Verkrampfungszustand. «Warte nur, bis sie ihr erstes Kind bekommt», sagt Simone, «dann ist es vorbei mit der Herrlichkeit.» Es klingt wie von einer alten Frau oder als hätte sie selbst schon zumindest drei Kinder bekommen. Lilly Bogner heißt mit Vornamen eigentlich Elisabeth, wird am vierzehnten Mai neunundzwanzig, wohnt in einer Altbauwohnung hinter dem Volkstheater und hat einen Freund, der um ein halbes Jahr jünger und Architekt ist. Sie besitzt eine neue Bulthaup-Küche und keine Haustiere. Nach dem Studium hat sie ein Jahr an einer privaten Mädchenschule in Surrey unterrichtet. Oder gelernt, oder beides, ist ja egal. Man recherchiert sich halt so durchs Leben. Lilly Bogner ist schlecht drauf. Sie knallt die Hefte auf den Lehrertisch und vergisst die Armbanduhr abzunehmen. Manche ihrer Kolleginnen halten es nicht aus, dass sie hübsch ist, das sieht ein Blinder, tagtäglich, und von Nausch heißt es, dass er sich Sorgen um das Seelenheil gewisser verheirateter Professoren macht. Dabei gafft er ihr selber ständig auf den Hintern.

Wir beginnen Unit 13. Sie heißt ‹Magic›. «This time no song», sagt die Bogner. Schade. Die Lieder im Buch sind so vertrottelt, dass sie schon wieder schön sind. Über Elefanten, Nilpferde, Leute, die in Höhlen verschwinden, und andere wichtige Dinge des Lebens. Rein musikalisch hätte Petrau seine helle Freude dran. Die Frau Professor ist hundertprozentig schlecht drauf, denn sie lässt Weibl die Hauptgeschichte lesen, und das ist nun wirklich das absolute Minderheitenprogramm; genau genommen hat einzig und allein Weibl etwas davon, sonst niemand. Er spricht ‹magician› zwanzigmal falsch aus und glotzt. Das ist mit der Zeit auch nicht mehr lustig. Vielleicht hat nicht einmal Weibl was davon, sondern, im Gegenteil, es wird damit irgendeiner seiner unzähligen Minderwertigkeitskomplexe fixiert. Der Zauberer, um den es in der Geschichte geht, heißt Melric. Er verschwendet seine magische Energie damit, die Betten anderer Leute zu machen. Ich stelle mir vor, er sieht aus wie Weibl und kann ‹magician› auch nicht aussprechen. Aber ein Zauberer muss das auch nicht können.

Christoph schießt mit einem zu einem Blasrohr umfunktionierten Kugelschreiber Kügelchen aus einem Papier-Spucke-Gemisch gegen die Decke, offenbar um die Bogner auf die Dinge aufmerksam zu machen, die er dort oben hininstalliert hat. Es gelingt ihm, und sie zeigt ihm den Vogel. Gert springt auf. «Sie haben ihm den Vogel gezeigt!», kreischt er mit überkippender Stimme, «das werden wir dem Direktor melden.» – «Nur zu», sagt sie und weist in Richtung Tür. Er wischt sich theatralisch seine hellblonden Haare aus der Stirn, wirft den Kopf zurück und stelzt aus der Klasse. Gert lebt bei seiner Großmutter, die eine ziemlich prominente Juristin sein soll, Verfassungsrichterin oder so, und manche Leute behaupten, wenn man sie kennt, wird einem Gerts Verhalten schlagartig verständlich: Großmamas Prinz und Engelchen und was weiß ich noch alles, und angeblich hat sie ja dem eigenen Sohn den Knaben weggenommen, der Schwiegertochter sowieso, weil sie den beiden seine Erziehung nicht zugetraut hat. Ich stelle mir ab und zu vor, wie Gert hingeht zu seiner Großmutter, sich die Haare aus der Stirn streicht, den Kopf zurückwirft und mit überkippender Stimme sagt: «Du, ich möchte, dass du für mich die Verfassung änderst.» Ich stelle mir vor, wie sie ihn anschaut und ernsthaft überlegt und dann vielleicht doch sagt: «Lieber

Gert, so einfach geht das nicht», aber immerhin hat sie ernsthaft überlegt. Dafür beneide ich ihn. Manchmal beneidet man eben auch Arschlöcher.
Da es schließlich selbst der Bogner zu fad zu werden scheint, bedankt sie sich bei Weibl, sagt noch einige nettpädagogische Dinge zu seiner Aussprache und fordert mich auf, die Geschichte zu Ende zu lesen. Ich werde beinahe rot. Zwischen den Wörtern muss ich sie permanent anschauen. Ich frage mich, ob sie zu Hause im Badezimmer Einhandmischer von Grohe als Armaturen hat oder altmodische Drehknöpfe aus Messing mit einer weißen Emailkappe vorne drauf. Außerdem beschließe ich, herauszufinden, wo genau Surrey liegt. Um den Hals hat sie an einem dünnen Stahlreif eine kleine goldene Schnecke hängen. Die ist neu. Was heißt ‹Schnecke› auf Englisch? ‹Snake› heißt Schlange, ‹turtle› heißt Schildkröte. Lilly Bogner nickt mir am Ende zu und sagt nichts. Die dauernde Loberei ist ihr wahrscheinlich auch schon peinlich. ‹Had to› ist die past tense von ‹must› – das scheint alles zu sein, was die Unit an Grammatik zu bieten hat.
Gert kommt in die Klasse zurück. «Na, wie war's?», fragt die Bogner. «Der Herr Direktor meint, die Sache ist ihm im Prinzip bekannt», sagt Gert. «Wo hat er dich denn im Prinzip empfangen, der Herr Direktor?», fragt sie. Dabei legt sie den Kopf schief. «Na, in seinem Büro», sagt Gert. Sie grinst. Er setzt sich und schlägt mit großer Geste sein Buch auf. Er ist erstens in Englisch nicht schlecht und zweitens am Anblick der Bogner interessiert. «Weißt du, wie im Prinzip die past tense von ‹must› gebildet wird, lieber Gert?», fragt sie. «Na, ‹musted›, schätze ich», sagt er, und es klingt wie ‹mustard›, was Senf heißt, aber das stammt aus Unit 2 und daher haben es vermutlich alle längst vergessen.

Auf dem Weg in den Werkraum frage ich Stefanija, ob ich mir die Finger an ihrem Stofftaschentuch abwischen darf. Manchmal habe ich solche Eingebungen. Sie schaut mich kurz prüfend an und sagt kein Wort. Ich sage auch kein Wort. Ihre Augen sind kohlrabenschwarz, wie zwei Löcher, die durch eine feine feuchte Membran gedeckt sind, durch eine Art Seifenblasenfilm. Das Taschentuch ist hellgelb mit einem breiten rostroten Rand. Ich wische mit ihm über meine Finger und stelle mir vor, wie die Kreidestaubteilchen an meiner Haut hängen bleiben.

Im Werkraum liegt exakt auf der Bankreihe, in der ich sitze, ein Streifen Sonne. «Womit stopft man kleine Löcher?», frage ich Simone.

«Welche Löcher?»

«Simple kleine runde Löcher.»

Simone denkt. Ich stelle mir vor, wie irgend so ein prinzenartiger Intellektuellentyp sie anbetet für die Art, in der sie denkt. «Kleine runde Löcher in Strickstoffen stopft man mit Wolle», sagt sie. Ich überlege. «Nicht in Strickstoffen», sage ich schließlich, «in Holz zum Beispiel.» – «Holzkitt», sagt sie, «kleine runde Löcher in Holz stopft man mit Holzkitt.» Ich geniere mich ein wenig. Ich habe in meinem ganzen Leben noch nie von Holzkitt gehört.

Die Repka hat seit letzter Woche zwei Zentimeter Bizepsumfang zugelegt, wieder einmal. Bei manchen heißt sie inzwischen Hulk Hogan, wobei das ausnahmsweise nicht Gert aufgebracht hat, sondern Leo Schlemmer, was wiederum auch nicht wirklich verwunderlich ist. Schlemmer scheint sich mit nichts anderem zu befassen als mit diesem Wrestling-Schwachsinn. Die Repka arbeitet zu Hause ständig an mehreren großformatigen Granitskulpturen gleichzeitig.

Sie nennt sie ‹meine Landschaften›. Unterricht ist Ausgleich, sagt sie. Manche finden das arrogant. Die Repka unterrichtet Zeichnen eindeutig lieber als Werken, was sie allerdings nie zugeben würde.

Momentan arbeiten wir an einem Dominospiel aus Sperrholz samt Kassette mit Schiebedeckel. Laubsäge und Handbohrer und Schleifpapier in Massen. Wer von uns spielt schon Domino? Immerhin noch besser als Schalstricken oder Babyjäckchenhäkeln. Ich stelle mir kurz vor, wie ich all diese kleinen Senklöcher in den Dominosteinen mit Holzkitt zuschmiere, drüberlackiere und auf diese Art lauter Doppelnullen erzeuge. Auf eine komische Weise macht mich das total froh.

«Heute gibt's eine Überraschung», sagt die Repka und stellt ein Bein auf den Rollcontainer, der da vorne neben dem Waschbecken steht. «Ein Krokodil», ruft Christoph. Die Repka schüttelt lachend den Kopf.

«Ein Stachelschwein.»

«Ein Haufen kolumbianischer Schrumpfköpfe.»

Wie die Repka so dasteht, das eine Bein hochgestellt, die Hände an den Hüften und das graue Kraushaar wirr abstehend, erinnert sie mich an diesen heiligen Georg, der den Drachen erledigt hat. «Ein Drache», sage ich halblaut. «In der Kiste?», fragt Simone. Ich nicke. «Ja, in der Kiste.» Die Repka klappt den Deckel weg und holt ein rundes, in weißen Stoff eingeschlagenes Etwas hervor. «Ein Schrumpfkopf!», brüllt Christoph. Die Repka schlägt das Tuch zurück. Ton. «Feiner weißer Ton», sagt sie, «Künstlerqualität.» Vor einer Minute hatte ich davon noch keine Ahnung, doch jetzt spüre ich überdeutlich, dass feiner weißer Künstlerton das Allerletzte ist, was ich momentan brauchen kann. Ich krame in

meinem Rucksack und hole eine der vorbereiteten Entschuldigungen heraus. Ich setze ‹29. Jänner›, ‹12 Uhr 30› und ‹einen Termin beim Augenarzt› ein. «Warum?», fragt Simone. Sie weiß, dass ich die Repka an sich recht gut leiden kann. «Was ist schon Ton gegen Holzkitt?», flüstere ich ihr zu.
Die Repka macht die übliche Notiz ins Klassenbuch, bevor sie mich gehen lässt. «Weißt du, was du aus Ton gemacht hättest?», fragt sie. Ich muss nicht lange überlegen. «Einen Kopf», sage ich. Sie legt die Stirn in Falten. «Einen Schrumpfkopf?», fragt sie. «Nein», sage ich, «einen Kopf, frisch, normale Größe.» Draußen vor der Tür stelle ich mir vor, dass ich am ehesten zwei Köpfe gemacht hätte.
Auf dem Gang ist niemand, im Stiegenhaus ist niemand, in der Garderobe ist niemand. Ich nehme Simones gelbe Daunenjacke vom Haken und hänge sie zwei Unterteilungen weiter in die Koje der 4A. Dafür, dass sie einmal einen Prinzen bekommen wird.
Unten auf dem Parkplatz steht neben dem graugrünen Käfer des Direktors, jenem mit der winzigen, zweigeteilten Heckscheibe, Blackys schwarzer 5er BMW und glänzt. «Nomen est omen», sagt Blacky, und man weiß nicht, ob er sich wichtig vorkommt, weil seines das dickste Auto von allen ist oder weil er imstande ist, etwas auf Lateinisch zu sagen. Nausch hat übrigens zirka acht oder dreizehn VW-Käfer zu Hause stehen, heißt es, und einen leberaufstrichbraunen Mercedes, aber was ist das schon gegen «Nomen est omen»?
Im Durchgang durch den Schottenhof werfe ich einen Blick auf die Speisekarte vom ‹Wienerwald›. Das tue ich dort immer. Die texanischen Hühnerflügel um neunachtzig. Wahlweise mit Pommes frites oder einer großen Salatschüssel.
Auf der Freyung schaue ich in den Himmel. Auf der Freyung

schaue ich immer in den Himmel. Er ist hellblau mit kleinen Wolken, die rasch über ihn wegfahren. Es riecht anders als am Morgen, strenger, metallischer. Ich versuche mir den Postamtsleiter vorzustellen, aber er passt nicht hierher. Die Wallnerstraße ist in der Nähe. Wie der Postamtsleiter Wallnerstraße aussieht, weiß allerdings nur Simone. Möglicherweise. Erst vor dem neuen Mont-Blanc-Geschäft am Beginn des Grabens gelingt mir mein Postamtsleiter: Er trägt ein veilchenfarbenes Hemd mit schwarzen Plastikknöpfen und hat unter den Achseln enorme Schweißflecken. Ich halte die Luft an, um ihn nicht riechen zu müssen. Vor der Pestsäule lasse ich ihn sterben. Ich denke, das ist ein angemessener Ort. Simone würde zwar sagen: «Was tust du ihm diese Ehre an?», aber sie stößt sich auch daran, dass ich gerne über den Graben gehe. «Wie die Touristen», sagt sie, und wenn ich sage: «Ich scheiße auf die Touristen», zieht sie trotzdem ein Gesicht und schüttelt den Kopf. Der arme Postamtsleiter krallt sich an die schwere Eisenkette, die rings um die Pestsäule läuft. Die Farbe, die von innen heraus in sein Gesicht steigt, beginnt sich mit dem Veilchenblau seines Hemdes zu schlagen. Dann stirbt er einfach dahin, unmittelbar neben einer gedrungenen blonden Frau in einem Plüschpelzmantel, und es war vielleicht etwas ganz und gar Übliches wie ein Herzinfarkt oder ein Unterzuckerungsanfall. «Er ist tot», sage ich zu der blonden Frau. Sie schaut erschrocken. «Wer ist tot?», fragt sie.

«Der Postamtsleiter.»

«Welcher Postamtsleiter?»

«Mein Postamtsleiter.»

«Woher willst du wissen, dass er tot ist?»

«Er ist neben mir gestorben.»

«Aber Kind!», sagt die Frau und schaut noch erschrockener als zuvor. Ich bin ziemlich zufrieden. Auch mit dieser gedrungenen blonden Frau mit der kurzen Nase bin ich ziemlich zufrieden. Sie hat nämlich nicht diese «Heißt das nicht ‹Postmeister›?»-Frage gestellt.
Ich gehe hinten um den Stephansdom herum. Um den Fiakern auszuweichen, könnte ich sagen, doch in Wahrheit würde ich so oder so hinten um den Stephansdom herumgehen, mit diesem Fiakerstandplatz an der Nordostecke oder ohne ihn. Was wiederum nichts daran ändert, dass sich an schwülen Tagen, sagen wir an einem typischen zwanzigsten August, der Gestank nach Scheiße und Pisse der Fiakerpferde tatsächlich durch die gesamte Innenstadt zieht. Das gefällt nur den Italienern. Heute riecht man schon am Beginn der Schulerstraße, dort wo man in den Geschäften ausschließlich Messgewänder, Marienstatuen und christliche Erbauungsbücher kaufen kann, nichts mehr. In den Schaufenstern der Vedes-Spielwarenhandlung kommen immerhin Pokémon und Modellautos vor. Ein Riesen-Relaxo aus Plüsch liegt neben einem kaum kleineren Enton. Lukas Meineck würde ausflippen. Er steht auf Psycho-Pokémon. Nur auf die Psychos, behauptet er, wobei ich allerdings glaube, dass die Sache auch mit dem enormen Format von Relaxo zu tun hat. Tausend Kilogramm Körpergewicht, steht auf einer dieser Karten. In der Figlmüllerpassage riecht es nach Frittierfett. Das ist zirka so unveränderlich wie die Schwerkraft. Unter anderem kaufe ich deswegen beim Spar am Fleischmarkt ein, weil man dort nicht wie bei Billa schwachsinnigerweise eine Ein- oder Zweieuromünze als Einsatz für ein Einkaufswägelchen einstecken muss. Das kann mich auch ärgern – Einsatzmünzen für Einkaufswägelchen. Ich stelle

den Rucksack im Wagen ab und hole den Einkaufszettel hervor. Es war der letzte grüne Zettel in dem Notizzettelstapel auf dem Kühlschrank. Ab morgen die Farbe Blau.
Eistee Pfirsich, zwei Ein-Liter-Packungen, von Rauch, nicht die Spar-Hausmarke, einfach so, vielleicht weil mir das Verpackungsdesign sympathischer ist, aber es fragt sowieso keiner. Frühstückskost, Choco-Pops, ebenfalls zwei Packungen. Ein roter Paprika, ein gelber. Ich krame absichtlich endlos herum, doch diesmal wird keine der Verkäuferinnen auf mich aufmerksam: ‹Kann ich dir helfen? Weißt du, es ist nicht sehr hygienisch, jedes Stück Frischgemüse mit bloßen Händen anzugreifen!› – Warum gibt es immer noch diese grünen Paprika? Manchmal packt mich eine unbändige Lust, all diese Kisten mit grünem Paprika auf den Boden zu kippen und darauf herumzutrampeln. Warum können Spar-Verkäuferinnen nicht Gedanken lesen? Um sie an den Mann zu bringen, werden diese grünen Paprika jetzt mit je einem roten und einem gelben kombiniert und als ‹Tricolore› verkauft. Ich wette, jeder Zweite isst den gelben und den roten und wirft den grünen in den Mist. Rot-gelb-grün und Paprikairgendetwas hat das sicher mit Ungarn zu tun. Ungarn habe ich noch nie gemocht. Schnurrbärte, Zahnärzte und das ganze Csárdás-Gehopse.
Osttiroler Extra-Vollmilch. Die Packungen haben keinen Ausgießer. Ausgießer sind etwas für Leute, die zu blöd sind, eine normale Milchpackung zu öffnen. Einen Sechser-Karton Eier von Freilandhühnern. Zuletzt habe ich noch Eier von Hühnern aus Bodenhaltung genommen, doch dann habe ich in einer Fernsehdokumentation gesehen, dass diese Bodenhaltungsgehege nichts anderes sind als bessere Legebatterien. Außerdem muss ich mir dazu Aufseherhühner

vorstellen, denen augenblicklich menschliche Köpfe wachsen: Susanne, Simone, Regina, die Raab-Schöny, Lilly Bogner, Widmann. Ich will nicht, dass mir zum Beispiel Simone oder Lilly Bogner durch irgendein Hühnerzeug verdorben werden. An der Fleisch- und Käsevitrine gehe ich ganz langsam entlang. Die mopsartige Verkäuferin, die offensichtlich vermutet, dass ich bei ihr nichts kaufe, fixiert mich mit ihren bösen Knopfaugen. «Die haben Sie früher nicht gehabt», sage ich und deute auf sizilianische schwarze Oliven in Öl, die in kleinen, runden Gläsern obenauf stehen. «Das kommt drauf an, was du unter ‹früher› verstehst», sagt die Verkäuferin mit dazu passender Stimme. Ich zucke mit den Schultern und kaufe nichts. Aus dem Regal neben der Vitrine nehme ich eine große Packung Vollkorntoast. Ich werfe sie in den Wagen und gebe ihr dabei einen eleganten Drall.

Zwischen Schaumbädern, Alufolie und Klopapier finde ich erwartungsgemäß nicht, was ich suche. Ich frage daher die Kassiererin. Sie schüttelt den Kopf. «Holzkitt», sagt sie, «nein, tut mir Leid, Holzkitt kriegst du bei uns nicht.» Die Frau, die hinter mir an der Kassa steht, steckt ihren Kopf vor. Sie hat ihr langes graues Haar zu einem Pferdeschwanz gebunden. Das gibt ihr etwas von einem ältlichen Mädchen. «Am ehesten in einem Drogeriemarkt», sagt sie, «ich würde am ehesten in einem Drogeriemarkt fragen.» Ich bedanke mich, obwohl mir die Gegenwart dieser Frau ein total unangenehmes Gefühl erzeugt. Ich stelle mir vor, dass sie zum Beispiel Religionslehrerin ist oder evangelische Krankenhausseelsorgerin. Ich zahle bar.

Im dm in der Rotenturmstraße hat es noch nie Holzkitt gegeben. Die Verkäuferin, die mich bedient, ist jedoch trotz ihres asymmetrischen Gesichtes und trotz des lächerlichen

halbtransparenten Mäntelchens, in dem sie steckt, nicht blöd und meint, sie selbst würde sich nach Holzkitt in einem der großen Baumärkte im zweiundzwanzigsten Bezirk oder in einer bestimmten Farben- und Bodenbelagshandlung am Beginn der Hollandstraße, also unmittelbar jenseits des Donaukanales, erkundigen. Sie sieht selbst aus wie die Tochter eines Bodenlegers, und ich frage mich, ob ich sie gegebenenfalls auf die vorspringende oder auf die zurückweichende Seite ihres Gesichtes schlagen würde. Ich kaufe noch ein eher kräftig getöntes Make-up plus Puder plus einen mittelgroßen Pinsel mit glänzend schwarz lackiertem Stiel, alles von Lancôme, außerdem zwei Lippenstifte, einen burgunderroten von Givenchy und einen in einem unglaublichen Rosa mit einem zarten Erdton drin von Helena Rubinstein. Obwohl es sich mit dem Bargeld noch ganz gut ausginge, zahle ich per Bankomatkarte. «Danke für den Tipp», sage ich. Die Verkäuferin lächelt schief.
Eine mittelgroße Schnitte ‹Rusticana› aus der Mini-Pizzeria am Schwedenplatz. Ich schlinge sie im Gehen in mich hinein. ‹Magenbeschwerden, Fettleibigkeit, psychische Probleme›, höre ich Simone sagen. Das Ding schmeckt trotzdem wunderbar. Jede Menge Oregano und gerade nicht zu viel Pfefferoni. Die Jackenübersiedelung in der Garderobe werde ich Simone nicht gestehen. Über der Marienbrücke hängt kreischend ein Schwarm Möwen in der Luft. Ab und zu lassen sich einige von ihnen auf dem Brückengeländer nieder. Das wirkt dann, als würde man die Stücke einer zerschnittenen Perlenkette in zufälliger Abfolge entlang einer Linie auflegen. Ich gebe den Vögeln nichts von meiner Pizza.
Der Typ, der in dieser Farbenhandlung aus einem Hinterzimmer angetrottet kommt, trägt eine bunte Strickweste

und hat eine komische Mèche im Haar. Ansonsten ist er extrem zurückhaltend, aber vielleicht hat er schlechte Erfahrungen mit Mädchen gemacht, die nach Holzkitt fragen. Er hat zwei Sorten davon, jeweils in winzigen Mengen abgepackt. Das Zeug mit dem Namen ‹Grilith› steckt in einer hübschen hellgrünen Dose. Das Produkt der anderen Firma trägt unter anderem die Aufschrift ‹stucco per legno›. Ich nehme beide. Der Verkäufer zeigt keinerlei Emotion. «Kaufen bei Ihnen auch Italiener ein?», frage ich. Er muss nicht einmal nachdenken: «In den acht Jahren, die ich hier arbeite, hat noch nie ein Italiener eingekauft.» Dann fragt er mich noch, ob ich zur Verarbeitung etwas brauche, zum Beispiel eine Spachtel oder Schleifpapier. «Schleifpapier nein», sage ich, «Spachtel ja. Eine kleine.» Er stellt drei Schubladen mit zirka fünfzehn verschiedenen Spachteln vor mich hin. Ich entscheide mich für ein elegantes schlankes Ding mit hellem Holzgriff, das für mein Empfinden perfekt zu ‹stucco per legno› passt. «Eine Künstlerspachtel», sagt der Typ. Für einen kurzen Moment macht mich das auf die gleiche seltsame Weise froh wie die Vorstellung, Dominosteine mit Doppelnullen zu erzeugen.

Ich verlasse die U-Bahn in der Station Friedensbrücke. Das bedeutet einen etwas längeren Fußweg, erspart mir andererseits die Einsamkeit der Station Rossauer Lände. Es gibt einige U-Bahn-Stationen, die diese Einsamkeit ausstrahlen, geradeso als wären sie irrtümlich gebaut worden und in Wahrheit braucht sie keiner. Ich glaube, sie liegen alle an der U4. Margaretengürtel, Rossauer Lände, Braunschweiggasse.

‹Late at night› ist eines der Vokabeln aus Unit 13, ‹spät am Abend›. Es ist zwanzig Minuten nach eins. Wenn man die übliche Wartezeit einkalkuliert, werde ich in wenigen Augenblicken von der Sprechstundenhilfe des Augenarztes aufgerufen werden. Die Repka ist ein Mensch, der nie misstrauisch wird. Bei einem Zeichenlehrer passt das. Ich denke daran, wie weihevoll sie den Klumpen Künstlerton hochgehalten hat. Wie ein Priester die Hostie. Ich greife an den Rahmen meiner Brille. Ich bin kurzsichtig, links minus drei Komma fünfundsiebzig Dioptrien, rechts minus drei Komma null. Das ist die Wahrheit. Ich habe den Geschmack von Oregano im Mund. Das ist ebenfalls die Wahrheit. ‹To have magic fingers› ist auch eines der neuen Vokabeln. Es fällt mir an der Ecke zur Liechtensteinstraße ein, obwohl ich es dort nicht wirklich brauchen kann. Kein Mensch kommt vorbei, den ich prüfen könnte.

Ratajczyk hockt oben auf dem Schiebetürrahmen der Duschkabine und starrt durch die Oberlichte des Gangfensters heraus. Er hat einen Ausdruck im Gesicht, als sei er soeben überfallen worden. Ich drehe den Schlüssel im Schloss, drinnen macht es mächtig rums, dann hockt er vor mir. «Ich habe dir extra nichts mitgebracht», sage ich. Er schnurrt hingerissen und beißt mich ins Schienbein.

Als ich die Lebensmittel auspacke, komme ich drauf, dass ich das Brot vergessen habe. Das passiert mir immer wieder. Egal, vielleicht werde ich noch einmal runtergehen. Ich muss später sowieso zu Annette, um ihr das Abendessen zu machen.

Ich gehe durch die Wohnung. Obwohl die Luft nicht wirklich muffig riecht, kippe ich jedes Fenster. Im Badezimmer lasse ich die Kleider fallen und stelle mich unter die Dusche. Ich beginne bei achtundzwanzig Grad und drehe den Regler schrittweise höher. Mein Duschbad duftet nach Zitrone und

Gras. Ich stelle mir Simones Entenschnäbel vor. Meine eigenen Brüste sehen aus wie Fischotter. Zwei Fischotter, die ihre Köpfe aus dem Wasser stecken. Ich fange sie und seife sie ein.

Erst die Hausübung, dann Annette, am Ende der Rest. Holzkitt und das Übrige. Dazu meine Musik. Annette wird eines ihrer Flanellnachthemden tragen. «Wie stirbt ein Postamtsleiter?», werde ich sie fragen. Sie wird angestrengt schauen und mir keine Antwort geben.

zwei

Es war knapp nach sechs. Im Licht der Taschenlampe zeigte das Raumthermometer, das rechts an den Türstock genagelt war, zwölf Grad plus. Er war zufrieden. Er hatte am Abend den Ofen bis zum Glühen hochgejagt, Scheit für Scheit. Der Luftdruck war noch einmal um zwanzig Hektopascal gestiegen und die Außentemperatur schließlich auf minus sechzehn Grad gefallen. Der Rauchfang hatte gezogen wie ein Fabrikschornstein. Einige Male war er vor die Hütte gegangen und hatte sich Schnee aufs rechte Knie gepappt. Mit einer zusätzlichen Dosis Parkemed war diesbezüglich alles programmgemäß verlaufen. Er hatte nackt geschlafen, schmerzfrei, unter nicht mehr als zwei Decken.
Die Dämmerung kroch langsam herauf, das war selbst durch die mächtig angelaufenen Fensterscheiben auszumachen. Kurz überfiel ihn die Vorstellung einer Menschenschlange, die sich entlang seiner Aufstiegsspur vom Parkplatz weg hochbewegte. Wer ging vorne? Nausch? Widmann? Sicher nicht Frey. Vielleicht die beiden Repkas. Sie hielten sich körperlich das ganze Jahr über in glänzender Verfassung. Er leuchtete in Richtung Betten. Das Weatherby hing an seinem Platz. Er entzündete die Petroleumlampe und fachte mit Hilfe einiger Holzspäne die Restglut an, die sich unter einer gut

fingerdicken Schicht Asche im Feuerraum des Ofens gehalten hatte. Er richtete sich vorsichtig wieder auf und schaute an sich hinunter. Er dachte an jene Klassifikation der Männer nach ihrem Umgang mit der Morgenerektion, die Kurkowski jedem seiner Kollegen zumindest einmal aufgedrängt hatte, selbst dem Direktor.

Kurkowski würde mit Sicherheit nicht dabei sein; er war viel zu faul. Außerdem: Wo Widmann war, war niemals Kurkowski.

Elvira hatte seine physiologische Kopulationsbereitschaft nach dem Erwachen nie nützen können. «Morgenmuffel versäumen viel von der Welt», hatte er manchmal gesagt, und sie hatte ihn dann blickmäßig vernichtet, jedes Mal. «Es existiert keine Frau, die am Morgen gerne fickt», sagte Frey, der regelmäßig dabeistand, wenn Kurkowski seine Einteilung präsentierte. Frey kannte alle Frauen.

Er dachte an Elviras leises Morgenschnarchen und den Ausdruck leidenschaftlicher Passivität, den sie dabei im Gesicht trug, und er dachte daran, dass er genau diesen Ausdruck im Gesicht von Max wiederfand, wenn er hinüber ins Kinderzimmer schlich und sich neben sein Bett stellte. Er hatte sich viel zu rasch geschlagen gegeben. Wie die beiden in der Früh ohne ihn zurechtkamen, war ihm seit ihrer Trennung ein Rätsel. Er hatte jedoch nie etwas gesagt. Sie hätte ihn doch nur angeschnauzt. Möglicherweise hatte sie auch momentan einen Penetreur, der ihr in der Früh den Kaffee kochte. In der Früh, nachdem sich der gute Mann einen weggeduscht oder abgewichst hatte. Er leuchtete noch einmal auf das Gewehr. Dann öffnete er die Tür und trat ins Freie, nackt wie er war. Die Sache mit dem Abwichsen hatte sich innerhalb von zwanzig Sekunden erledigt.

Die helleren hundert Sterne waren noch zu sehen, auch die ganze Weltraumkälte, die zwischen ihm und ihnen lag. Drosch, der Unterrichtspraktikant von Otto Werner, schwärmte, wenn man ihn ließ, von den weiß Gott wie wenig Kelvin Hintergrundrauschen im Weltall, die man auch als Resthitze des Urknalles ansehen könne. Er wurde dabei knallrot im Gesicht, was wiederum die fleckförmige Pigmentstörung auf seiner Stirn besonders deutlich zum Vorschein brachte. Drosch konnte ohne Mühe eine Stunde lang reden, ohne dass irgendjemand auch nur ein Wort verstand. Außer vielleicht, dass er für seine Diplomarbeit einen einmonatigen Praktikumsaufenthalt in einem weltberühmten Observatorium in den chilenischen Anden absolviert hatte. Das ließ er nie weg. Er stellte sich Drosch mit seinen runden Backen und seinen baumstammartigen Oberschenkeln vor, wie er versuchte, den Huascaran zu besteigen, und dabei dem Tode nahe kam. Er fragte sich, warum er selbst nie so etwas gesagt hatte wie: «Im Zuge meiner Diplomarbeit habe ich einen dreiwöchigen Wissenschaftsaufenthalt in der Cordillera Blanca absolviert und dabei erforscht, auf welche Weise sich in Höhen von über sechstausend Metern die Resthitze des Urknalles auf den menschlichen Organismus auswirkt.» Drosch war in Summe ein ganz sympathischer Kerl, völlig humorlos, aber sympathisch. Ohne jede Hinterhältigkeit oder Aggressivität. Er war einem nicht einmal böse, wenn man ihm zu verstehen gab, dass man nicht das geringste Interesse an den Dingen hatte, die er erzählte. Wie allen Menschen seiner Sorte stand ihm ein trauriges Schicksal bevor. Irgendeines dieser krakenartigen Wesen, ob sie nun Widmann hießen oder Rothenberg oder anderswie, würde ihn sich greifen und nicht mehr loslassen. In fünfzehn Jahren würde er Schülern immer das Gleiche vorbeten, als komisch gelten und öfter zum Hautarzt gehen als nachts ins Freie.

Unten im Tal bewegte sich der Lichtkegel eines Autos langsam flussaufwärts. Leise tönte das dazugehörige Motorengeräusch herauf. Es gab wohl keine wirkliche Notwendigkeit, weshalb das Licht tausend Mal schneller sein sollte als der Schall. Oder eine Million Mal? Aus dem Physikunterricht merkte man sich nichts. Über der Gipfellinie der Planspitze lag ein heller Saum, zart wie eine Schneefahne. Hier im Kar war es vollkommen windstill. Minus sechzehn Grad fühlten sich folglich auch an wie minus sechzehn Grad.

Er nahm vier Teebeutel aus der Lade und riss die Papieretiketten ab. English Breakfast von Twinings. Hier hatte jemand vorgesorgt, der nicht nur auf den Preis schaute. Vorsichtig hob er den Deckel vom Aluminiumkessel. Er drückte die Beutel mit einem Suppenlöffel in das wallende Wasser. Er wartete, bis der Löffelstiel warm wurde. Dann schlüpfte er in seine Transtex-Unterwäsche. Die dickwandige Tasse mit dem Tannenbaummuster, die Tupperware-Zuckerdose, aus seinen Vorräten eine Packung Napoli Neapolitaner-Waffeln – die großformatigen in der Verpackung aus durchsichtigem Zellophan, die man nur noch in jedem fünften Supermarkt bekam. Er war während einer Hochtourenwoche im Glocknergebiet draufgekommen, dass eine Packung Napoli Neapolitaner-Waffeln das ideale Frühstück vor größeren körperlichen Anstrengungen war. «Iss genau, wonach dir ist», hatte Sepp Stadler gesagt und selbst fetten Speck gegessen, auch um halb fünf Uhr in der Früh auf dem Matratzenlager der Oberwalderhütte. Der Durchzug einer mächtigen Schlechtwetterfront hatte die meisten anderen Leute ins Tal

getrieben. Dann waren am Abend von einer Minute auf die andere die Wolken verschwunden. Er konnte sich an das weißgelbe Streiflicht erinnern, das in das oberste Viertel der Pallavicini-Rinne gefallen war. Während der Nacht war das Wasser in den Waschschüsseln gefroren. Der Wirt hatte gelacht und ihnen für die Folgenächte alle Decken gegeben, die vorhanden waren. Sie waren durch die Fuscherkarkopf-Nordwand gestiegen und durch die Berglerrinne, beides bei knöcheltiefer Schneeauflage, und die Ostflanke des Eiskögeles mit den Firngleitern abgefahren. In der Nordwand der Hohen Riffel hatte sie dann sprödes Blankeis überrascht. Er konnte den Ton nachsingen, den der Eisschild von sich gegeben hatte, als Sepp Stadler den einzigen langen Eishaken, den sie bei sich hatten, in die Wand donnerte. Ab diesem Zeitpunkt wussten sie alle, was ein Pendelquergang war. Er war damals knapp siebzehn gewesen, und als er nach Hause kam, hatte Renate, die Tochter der Nachbarn, ihn bewundernd angesehen und gesagt, er sei ganz schwarz im Gesicht, beinah wie ein Araber.
Die Teebeutel schwammen oben in der Öffnung des Kessels. Er fischte sie heraus und warf sie in den Ofen. Pro Tasse gab er drei Würfel Zucker in den Tee. Solange er heiß war, schlürfte er ihn aus dem Suppenlöffel. Den Schülern erzählte er nie etwas von Neapolitaner-Waffeln. Kohlehydrate vor körperlicher Betätigung, das ja, aber Kohlehydrate, das hieß Traubenzucker und Müsli und Dörrobst, all jene Dinge, von denen man in den Lifestyle-Magazinen lesen konnte und die man auch in den Lehrveranstaltungen über Sportmedizin und Ernährungsphysiologie eingetrichtert bekommen hatte. Niemandem hatte er jemals vom Geschmack der Waffeln und von der wunderbaren roten Schrift auf dem durchsichti-

gen Zellophan erzählt, niemandem, Elvira nicht, den Kollegen nicht und den Schülern schon gar nicht.

Den Rucksack, in dem sich nur die Thermosflasche mit dem Rest des Tees befand, ein paar Tabletten, den kleinen Klappspaten aus Titanblech, außen dran das Gewehr. Die Überhandschuhe steckte er nach kurzem Überlegen doch ein. Speziell was die Hände betraf, sollte er nichts riskieren.

Die Bindung ging etwas schwer, wie immer, wenn die Schier mehrere Stunden in der Kälte gestanden waren. Trotzdem war die Fritschi die bei weitem beste Schitourenbindung auf dem Markt. Er dachte an seine LCD-Stirnlampe von Petzl, seinen Millet-Fleecepullover, an seine beiden violett eloxierten Schraubkarabiner von Stubai. Es war kindisch, aber zu Ausrüstungsgegenständen konnte er eine Beziehung entwickeln, die zumindest so innig war wie zu Menschen. «Wie ein alter Mann», hatte Elvira manchmal gespottet, und er hatte darauf gesagt: «Dann bin ich von klein auf ein alter Mann gewesen.» In Wahrheit hatte sie selbst ihre dottergelbe Northface-Jacke und ihren grünen Steinschlaghelm, der so abgewetzt war, dass keiner mehr die Marke erkennen konnte, geliebt wie Schoßtiere, aber das durfte man ihr nicht sagen. Die Geschichte mit ‹alter Mann› war auch eher ein Spiel zwischen ihnen beiden gewesen, denn er war exakt ein Jahr und neun Wochen älter als sie. Geärgert hatte es ihn nur, wenn er dabei an seinen Vater gedacht hatte, an Briefmarken und Schonbezüge im Auto und Bluthochdruck und Prostatahypertrophie, obwohl er, genau genommen, von einer Prostatahypertrophie seines Vaters gar nichts wusste.

Für einige Minuten folgte er dem schmalen Steig, der in einem flachen Bogen über eine Geländekuppe nach Osten führte. Die winzige Bergrettungshütte nahm man im Hintergrund einer Gruppe von Fichten nur wahr, wenn man ihren Standort kannte. Von Juni bis September war sie an den Wochenenden besetzt. In der letzten Saison hatte zumeist ein schlaksiger Geologiestudent aus Admont Dienst gemacht, der die längste Zeit damit beschäftigt gewesen war, Infrarotaufnahmen der Gletscher der Ankogel- und Goldberggruppe auszuwerten und daraus seine Dissertation zu bauen. Zwischendurch hatte er zwei kompliziertere Bergungen zu organisieren gehabt, einmal von der Rosskuppenkante, das zweite Mal aus dem oberen Drittel der Festkogel-Nordwand. Zu Saisonende war dann auch endlich die obligate Leiche abzutransportieren gewesen, ein Wiener, den im Schotterfeld unmittelbar neben der Hütte der Herzinfarkt niedergestreckt hatte. Das schien dem Bergrettungsstudenten am besten gefallen zu haben, denn jenen Moment, in dem der dicke Körper des Mannes vom Boden abgehoben und am Hubschrauber hängend das Kar verlassen hatte, hatte er voller Enthusiasmus beschrieben.

Er dachte an Nausch und seine Gauloises Blondes, eine nach der anderen; Damenzigaretten, daran änderte auch die Menge nichts. Die Kuppe von Nauschs rechtem Mittelfinger wirkte mumifiziert, und in seinem Mundwinkel stand gelegentlich ein bräunlicher Speicheltropfen. Er hasste es, wenn Nausch während der Konferenzen einen seiner Hustenanfälle bekam. Er hasste Nauschs Mittelfinger. Er hasste den Speicheltropfen. Er stellte sich Nausch vor, wie er da mitten auf dem Schotterfeld stand und sich in seinem Gesicht das Erstaunen über den Herzinfarkt breit machte, der sich anschickte, ihm die Brust zu verbrennen.

Kurz nach der Bergrettungshütte wandte er sich nach Süden, direkt auf die Felswände zu. Er brachte die Steighilfe in die höchste Position und steuerte über einen schmalen, steilen Hang einen eher unscheinbaren gelblichen Felsbuckel an. An seinem Fuß querte er vielleicht zehn Meter nach rechts, bis er eine angelehnte, gut mannshohe Felsplatte erreichte. Von vorne war sie vollkommen unsichtbar. Er trat sich einen halbwegs ebenen Platz fest, auf dem er Schier und Rucksack ablegte. Dann klappte er die Schaufel auf und begann den Schnee wegzuschaufeln, den es hinter der Platte angeweht hatte. Er war pulvrig und kaum windgepresst, daher war die Sache einfach. Nach wenigen Minuten stieß er auf den orangeroten Packsack. Er stellte sich vor, wie sie mit vereinten Kräften einen Kriminalbeamten heranschafften, der dann völlig überfordert dastand und einem noch überforderteren uniformierten Gendarmen befahl, das Fundstück freizulegen, dabei aber möglichst keine Spuren zu vernichten. Sie zerrten an dem einen Ende des Sackes und stocherten mit Metallsonden herum, und plötzlich würde der Schnee abrutschen, ein Stück nur, und die Rothenberg würde vor ihnen liegen, das Gesicht gesäumt vom Pelz ihrer beigen Daunenjackenkapuze. Sie würden alle ein wenig peinlich berührt sein wegen des weit geöffneten Mundes der Rothenberg und der nach unten geklappten Oberkieferprothese. Keiner würde sagen «Abyssus abyssum invocat», selbst Nausch nicht, und keiner würde sich trauen nachzusehen, ob sie auch diesmal ihre Jade-Kette trug. Er räumte den letzten Schnee mit den Händen weg, zerrte den Packsack am Tragegurt ein Stück aus dem Spalt und begann seinen Inhalt vor sich aufzulegen: die Seile, den Daunenschlafsack, die Daunenjacke, den Helm, das gesamte Eisenzeug, die Munition, den Gurt, den Biwaksack, die Steigeisen, die Lebensmittel, das Eisbeil von Salewa, die roten Kletterschuhe von Lowa.

Die Rothenberg hatte bei der letzten schriftlichen Deutschmatura für einen ihrer Schüler wegen fortgesetzter Beistrichfehler bei Partizipialkonstruktionen ein ‹Nicht Genügend› beantragt. Die Kommission hatte die Arbeit mit einem ‹Befriedigend› retourniert, und bei der Rothenberg entgleisten daraufhin en bloc sämtliche inneren Drüsen. Bis zum Ende des Schuljahres waren in der Folge an verschiedenen Wänden des Gebäudes unter dem Titel «Wichsvorlage für Frau Professor Rothenberg» großformatige Plakate mit Partizipialkonstruktionen aufgetaucht. Sie waren im Computer mit WordArt gemacht und vermutlich in einem Copyshop in A null ausgedruckt worden, unverschämt bunt. In Summe waren es elf Stück gewesen. Sie mussten ein Vermögen gekostet haben: «Sich selbst für einen Formel-1-Fahrer haltend bog der Gelähmte in seinem Rollstuhl auf die Ringstraße ein», «Von tausenden schwachsinnigen Amerikanern geweckt eröffnete das Murmeltier den Frühling», «Bis auf pastellfarbene Socken entkleidet gab sich die Gymnasiallehrerin dem Hauptabendprogramm hin», und so fort. Die Rothenberg hatte ihm unterstellt, er kenne den Urheber der Plakate. Er hatte es halbherzig abgestritten.

Bevor er begann, das Zeug in den Rucksack zu packen, setzte er sich in den Schnee, den Rücken gegen den Fels gelehnt, und tat einen Schluck aus der Thermosflasche. Unten im Tal lagen einige Dunstfetzen. Zwischen ihnen konnte man an manchen Stellen deutlich den Fluss erkennen. Über den Himmel zogen feine Zirren, prognostisch ohne jede Aussagekraft. Er wünschte sich Nebel und etwas höhere Temperaturen. Nebel nicht sofort, vielleicht in ein, zwei Tagen, wenn die Wahrscheinlichkeit, dass die anderen eintrafen, zwingend wurde. Er war hier zu Hause, sie nicht. «Twinings

English Breakfast», sagte er laut. «Manchmal muss man Sätze laut aussprechen.» Das sagte er auch laut. An dieser Stelle gab es keinerlei Hall. Auch der Hauch vor seinem Mund verschwand sofort.

Zuletzt war er an einem Frühherbstwochenende in ähnlicher Weise auf dem Gipfel des Hinteren Brochkogels in den Ötztaler Alpen gesessen. Er hatte sich während des Aufstieges über den Eisgrat bei einem unbedachten Schlag mit dem Beil das rechte Daumengrundgelenk geprellt. Er trauerte Elvira nach, sehnte sich nach Max und fürchtete sich vor dem kommenden Schuljahr. «Für manche Menschen ist die Schule das geringere Übel», sprach er schließlich laut vor sich hin. «Das ist aber nicht von Goethe», sagte der Bergführer, der mit zwei Gästen unmittelbar neben ihm auf der engen Gipfelschneide hockte. «Nein, das ist von einem Mädchen mit abstehenden Ohren», hatte er geantwortet.

Er wählte für die erste Tranche das gelbe Seil, den Klettergurt, zirka die Hälfte des Eisenmaterials, den Felshammer, das Eisbeil, die Hängematte, die Schachtel mit den Batterien. Am Schluss steckte er noch den Helm in den Rucksack. Die restlichen Dinge verstaute er wieder sorgfältig im Packsack und stopfte ihn halb hinter die angelehnte Felsplatte. Er stieg in die Bindung und querte unterhalb des Felsbuckels in seiner eigenen Spur zurück. Hinter einem Krummföhrenstreifen legte er die erste Spitzkehre. Das Gelände wurde hier kontinuierlich steiler, wie der Turm einer Sprungschanze. Spitzkehren waren die einzige Möglichkeit. Er bewegte sich betont vorsichtig, speziell wenn er bei den Kehren das Bein mit dem Bergschi um beinahe hundertachtzig Grad zu drehen hatte. Zwischendurch achtete er darauf, die Spur nicht allzu steil werden zu lassen – ebenfalls wegen des

Knies. Um seine Kraft brauchte er sich keine Gedanken zu machen, das wusste er. Seit der Trennung hatte er sein Elvira-Defizit durch stundenlanges Bergauflaufen und hunderte Liegestütze kompensiert. – Obwohl dieses psychologisierende «Wer vögelt, braucht nicht in die Berge zu steigen» oder gar «Wer klettert, vögelt nicht» natürlich ein aufgelegter Schwachsinn war. Er dachte an die Raab-Schöny. Sie hatte diese Dinge zwar nie ausgesprochen, ihm jedoch die wenigen Male, als er in ihrer Gegenwart von den Bergen erzählt hatte, eigenartig wissend zugegrinst. Ganz so, als hielte sie Klettern für eine besonders raffinierte Masturbationstechnik. Sie regte seine Fantasie an, die Frau Kollegin, jetzt tat sie es und auch in jenen Situationen, in denen er sich mit ihr über Schüler unterhielt. Zuletzt hatten sie über einen sensationell legasthenischen Patrick aus einer der ersten Klassen gesprochen und einige Sätze auch über das Mädchen. Ihr war zu seinen Beobachtungen nichts Weltbewegendes eingefallen, aber er hatte ihr auch längst nicht alles erzählt. Nebenbei hatte sie ihn maximal angespitzt, obwohl er zugleich wahrnahm, dass sie einen erstaunlich flachen Hintern besaß und, sosehr er ihn sich vor ihrem Gespräch auch weggewünscht hatte, wieder einmal einen nippeldichten BH trug.
Unter seinem linken Schi gab der Schnee nach. Der Rutsch glitt langsam vier, fünf Meter nach unten und kam von selbst zum Stillstand. Er hatte das Lawinensuchgerät zu Hause gelassen. Erstens war bei den bestehenden Schneeverhältnissen nicht wirklich mit einer Gefahr zu rechnen, und zweitens sollten sie ihn auch tot nicht finden. Er setzte jeden Schritt betont in den Hang, querte noch eine seichte Rinne, die von rechts hereinzog. Auf der anderen Seite schnallte er ab. Er stieß die Schier mit den Hinterenden bis zur Bindung

in den Schnee und blickte erst nach oben, dann nach unten, in Richtung seiner Aufstiegsspur. Jeder Dieb würde sich in seiner Schusslinie befinden. Bevor er sich weiter aufmachte, schraubte er die Teleskopstöcke um zwanzig Zentimeter zurück. Das Geräusch war weg. Für eine Sekunde hatte er das Gefühl, sie hätten ihm das Geräusch gestohlen. «Von Hermine Rothenberg entwendet, fand das Geräusch im Tampontäschchen der Michaela Raab-Schöny eine neue Bleibe.» Das Weatherby zog eine Spur nach links unten. Im Klartext hieß das, dass man auf hundert Meter Entfernung ungefähr eineinhalb Zentimeter nach rechts oben gegenkorrigieren musste.

Er stieg erst in der Vertikalen empor, begann nach hundertfünfzig Höhenmetern einen sanften Bogen nach links zu ziehen, direkt auf den Fußpunkt der Verschneidung zu. Unter der etwas losen Auflage war der Schnee hervorragend fest. Das reinste Treppensteigen. Damals im Nord-Couloir des Ortler war es ähnlich gewesen. Mike Lukacs und er hatten schwierige Verhältnisse erwartet gehabt, Nebel, Blankeis, Steinschlag vor allem. Nichts von alledem war passiert, sie waren trotz gelegentlichen Sicherns in zweieinhalb Stunden durch gewesen, beide komplett euphorisch. Auf der Payer-Hütte hatte man ihnen dann erzählt, dass es am Vortag in der Nordostwand des Piz Rosegg Heini Holzer erwischt hatte. Man hatte erzählt, wie im mittleren Flankendrittel seine Schwünge hektisch geworden seien, keiner habe gewusst, warum, aber der Ausgang der Sache sei im Grunde klar gewesen. Angeblich sei alles mit der Kamera festgehalten worden. Mike hatte sich vor der Hütte in den Schnee gehockt und hemmungslos geheult. Für Mike war Heini Holzer so was gewesen wie ein Gott. Für ihn selbst war er immer ein verkappter Selbstmörder gewesen, aber das hatte er Mike nie gesagt.

Die Verschneidung steilte sich umso mehr auf, je näher man an sie herankam. Ab einem bestimmten Punkt erschien sie absolut überhängend. Das war ein Phänomen, das er von vielen Felswänden kannte. Dass die Verschneidung zugleich, ganz egal wie das Wetter war, ab jenem bestimmten Punkt ein Stück von ihrer Düsternis verlor und wirkte, als sei sie von einem hellgelben Schimmer überzogen, war einzigartig und überraschte ihn immer wieder. Er sah den Querriss im untersten Teil, er sah den winzigen Absatz mit dem Hollerbusch, er sah den Trichter, und er sah jenen Spalt parallel zur westlichen Trichterkante. Die eigentliche Öffnung konnte man nicht erkennen, selbst wenn einem die Verhältnisse sehr vertraut waren.

Er stieß die Spitzen seiner Schuhe mit möglichst wenig Kraft in den Schnee; es war mehr ein Hineingleiten. Es gab Momente, in denen sich alles anfühlte wie früher, so als habe es dieses ganze Psoriasis- und Gelenksunheil nie gegeben. Der Kabelzug der obersten Schnalle am rechten Schuh war ihm seinerzeit nicht aus Materialmüdigkeit oder infolge von Rostbefall gerissen. Er war in diesem fürchterlich feuchten und finsteren Schiraum des Rifugio Bellavista am Ende des Schnalstales in die Schuhe gestiegen, hatte die Schnallen geschlossen, es hatte geknirscht, und das Ding war ab gewesen. Da es vier Uhr früh gewesen war und auch draußen noch dunkel, hatte er das Kabel erst viel später genauer begutachtet, als sie auf dem Gipfel der Weißkugel saßen, Robert Fauler und er. Die Bruchstelle hatte ausgesehen, als habe jemand mit einer Beißzange oder einem Seitenschneider versucht das Kabel zu durchtrennen. Robert hatte wieder einmal keine Meinung gehabt, sondern nur blöd gegrinst. Herumzubohren hätte sowieso keinen Sinn gehabt. Robert Fauler war ein komischer Mensch gewesen, bis zu seinem Tod.

Der Ringhaken, den er Anfang Jänner zusätzlich zu dem, der seit Jahrzehnten am Einstieg steckte, geschlagen hatte, sah aus wie neu. Trottel, die Haken herausschlugen, gab es nur in den Dolomiten und im Wilden Kaiser. Er packte alle Sachen aus dem Rucksack in die Hängematte und fixierte sie mit einem knallblauen HMS-Karabiner von Bonatti an seinem Haken. Er versuchte sich den Haken vorzustellen, an dem sich seinerzeit Robert Fauler erhängt hatte, in der Schlucht zwischen der Großen und der Kleinen Zinne, direkt neben einem zu Tode gestürzten Touristen aus Bayern. Von Paul Mitterer, der damals dabei gewesen war, hatte man seither nichts mehr gehört. Es ging das Gerücht, er sei erst für längere Zeit in der Psychiatrie gewesen und später Chorist an irgendeinem skandinavischen Opernhaus geworden; das, obwohl ihn früher kein Mensch jemals singen gehört hatte.

Er stellte die Stöcke wieder auf lang, wandte sich talwärts und begann abzusteigen. Er setzte seine Füße langsam in die Trittstufen, die er vorhin angelegt hatte. Der Himmel war strahlend türkis. Unmittelbar vis-à-vis, am Oberrand der weiten Nordabhänge des Tales, blitzte das Blechdach des Buchsteinhauses auf. Auch die letzte der zweiundzwanzig Kehren des Hüttenanstieges konnte man erkennen. Genau an dieser Stelle war er an einem Oktobermorgen vor sechs oder sieben Jahren einem balzenden Auerhahn begegnet. Er hatte sich ihm bis auf wenige Schritte genähert, und erst als er begonnen hatte, die Knarr- und Schnalzlaute zu imitieren, war das Tier beleidigt in einer Latschengasse verschwunden. Elvira würde Max niemals einen Auerhahn zeigen können, nicht einmal einen ausgestopften. Wenn Max Glück hatte, würde er irgendwann einmal gemeinsam mit seinen Mitschülern an einer Vitrine im Naturhistorischen Museum vorbeigelotst werden und vermutlich schon wenige Stunden später nicht mehr wissen, wie jener große, verstaubte Vogel geheißen hatte.

Er langte bei den Schiern an, zog die Felle ab, stopfte sie in den Rucksack, arretierte die Bindung und fuhr los. Er versuchte in extremer Vorlage und hüftbreiter Beinstellung zu bleiben. Beides schonte die Knie. Er ließ die Aufstiegsspur links und setzte in direkter Falllinie einen Kurzschwung hinter den anderen. Der Pulverschnee lag in dieser langen, schmalen Mulde etwa schuhrandhoch, seine K2 benahmen sich so wenig bockig wie immer und reagierten auf den leisesten Fersendruck. Im Rachen spürte er bei jedem Atemzug das Brennen feiner Eiskristalle. Über dieses Gefühl ging nur Elviras Hintern, vielleicht noch ihr Gesichtsausdruck, wenn sie in einem Restaurant Mousse au Chocolat bestellte. Manchmal hasste er sie. Aber das war im Moment nicht wirklich von Bedeutung. Weiter unten richtete er sich auf und hielt in einer langen, nach Westen gerichteten Hangschrägfahrt auf das Depot zu. Der grellrote Packsack war schon von weitem zu sehen.

Kurz stellte er sich die Frage, wie leicht es wohl war, den Volvo aufzubrechen. Unlängst hatte er gelesen, dass ein geschulter Autoknacker für einen VW-Passat auch unter schlechtesten äußeren Bedingungen nicht länger als drei Minuten benötigte. Sie würden nichts finden. Sogar die CDs von Rubén Gonzáles und Ibrahim Ferrer, die wochenlang auf dem Beifahrersitz gelegen waren, hatte er knapp vor seiner Abfahrt entfernt. Keine Munition, keine Blutspuren, keine gekidnappten Kinder.

Bevor sie sich aufmachten, würden sie noch eine Lagebesprechung abhalten, im kleinen Konferenzraum neben Nauschs Büro. Nausch würde aufstehen, sich mit beiden Armen auf die braune Resopalplatte des ovalen Tisches stützen und langsam in die Runde blicken. «Liebe Kolleginnen und Kollegen», würde er sagen, «keiner hat etwas Derartiges ahnen können!» – «Na ja», würde die Rothenberg halblaut sagen und Tante Rosinante, mit erhobenem Zeigefinger und schief gelegtem Kopf: «Ja, wer die Spuren im Sand zu lesen vermag ...» Nausch würde zum Wandschrank gehen und allen von jenem Armagnac einschenken, von dem er immer einschenkte. Frey würde eine Bemerkung machen wie: «Er wird von Jahr zu Jahr besser», und manche würden sich fragen, ob es stimmte, dass Nausch seinerzeit eine halbe Lastwagenladung dieses Zeugs beim Stoßspiel in einem Ottakringer Keller gewonnen hatte. Er würde jedenfalls seine Zigaretten aus der Sakkoinnentasche ziehen und allen reihum eine anbieten und keiner würde eine nehmen, denn alle würden an den Speicheltropfen in seinem Mundwinkel denken.

Er lehnte sich an den Fels und trank Tee. Er behielt jeden Schluck möglichst lang im Mund. Auf diese Weise entstand ein pelziges Gefühl auf der Zunge. Die Sache mit der Flüssigkeit machte ihm ein wenig Sorgen. Die Wahrscheinlichkeit, dass es oben im Trichter und auf den schmalen Bändern in der Wand genügend Schnee zum Schmelzen angeweht hatte, war zwar hoch, doch was war schon gewiss? Er hasste diese pseudophilosophischen Fragen, und er hasste es umso mehr, wenn sie ihm selbst in den Sinn kamen.

Gewiss war der Tod, und auch das nur unter bestimmten Umständen. Nichts – er würde wie Moses mit einem Stab gegen den Fels schlagen, eine Quelle würde hervorbrechen und er würde Wochen durchhalten, sollte es sich als nötig erweisen. Oder war es Abraham gewesen? Er kramte im Rucksack nach den paar Neapolitaner-Waffeln, die er zum Frühstück nicht gegessen hatte. Er nahm die erste zwischen Daumen und Zeigefinger, hob vorsichtig mit den Zähnen die oberste Waffelschicht ab und zerkaute sie. Danach leckte er die Füllung von der Unterlage und verzehrte ganz langsam den Rest, lutschte die Waffel mehr, als sie zu beißen. Es gab Tiere, Spinnen, wenn er sich recht erinnerte, oder Seesterne, die ihren Magen ausstülpten und die Nahrung außerhalb ihres eigenen Körpers verdauten. Widmann konnte das sicher ebenso perfekt erklären, wie er alles perfekt erklären konnte. Kurkowski konnte es vielleicht auch erklären, denn er hatte seine Diplomarbeit über Flusskrebse geschrieben, und Flusskrebse verdauen ihre Beute unter Garantie auch auf irgendeine abartige Weise.

Er schaffte das zweite Bündel Ausrüstung hinauf zum Einstieg, schlang eine Reepschnur mehrmals drum herum und knotete sie in den blauen Karabiner. Er überschlug noch einmal seinen Zeitplan. Es wäre tatsächlich wenig sinnvoll gewesen, noch am selben Tag in die Wand einzusteigen. Ein Schlingenbiwak knapp nach dem Quergang war nicht, was er sich bei minus zwanzig Grad wünschte, und weiter wäre er vermutlich nicht gekommen. ‹Längs des nun mehrfach unterbrochenen, ganz seicht und rund ausgesinterten Querrisschens etwa zehn Meter weit, äußerst schwierig, mit Hilfe von Holzklötzchen und Spachtelhaken ohne sonstigen Halt nach links an eine stumpfe Kante.› Er kannte den Erstbesteigungsbericht von Raimund Schinko und Fritz Sikorowsky auswendig, Wort für Wort, und er hatte jenes Foto, auf dem Sikorowsky in den Überhängen oberhalb des Doms am Fels klebte wie eine Spinne, im Kopf, als habe er selbst es geschossen. Elvira hatte richtiggehend eifersüchtig werden können auf diverse Kletterführer. «Du könntest dich gleich mit der literarischen Qualität von Staubsaugergebrauchsanweisungen beschäftigen», hatte sie einmal gesagt, und das war wiederum so lächerlich gewesen, dass es ihn nicht im Geringsten gekränkt hatte und er an Ort und Stelle über sie herfallen musste, das hieß, auf einem der beiden Rattanhocker, die da ohne sonstige Verwendung in der Bibliothek herumstanden.

Vom Schidepot querte er diesmal einige hundert Meter leicht fallend nach Osten, überwand einen Graben, den Ausläufer der Dachlschlucht, und stach etwa in Falllinie der Rosskuppenkante nach unten. Der Schnee war an manchen Stellen windgepresst. Er zog daher die Schwünge bewusst etwas länger. Als er das erste Mal anhielt, um zu verschnaufen, wurde ihm klar, dass er das Knie in Wahrheit schon eine ganze Weile gespürt hatte. Er nahm zwei Tabletten und bekam einen mordsmäßigen Gusto auf einen ordentlichen Schluck Schnaps. Die beiden Flaschen Renettenbrand und der Flachmann mit dem Jameson standen unten in der Hütte. Er blickte auf die Uhr. Es war knapp nach halb zwei. Wie immer hatte er länger gebraucht als gedacht. Er hatte Hunger. Er würde sich Lebereissuppe kochen oder einen Topf Kartoffelpüree. Seit er Selbstversorger war, hatte er diese snobistische Voreingenommenheit gegenüber Fertigkartoffelpüree abgelegt. Auch geröstete Zwiebelringe waren längst nicht mehr obligatorisch.

Immer wieder sah er das Mädchen essen. Er sah es in einem großen, leidenschaftlichen Ernst in eine Nussschnecke beißen, und er sah es mit einem Knickhalm Kakao trinken. Er sah dabei die Ränder seiner Ohren glühen, und er sah die konzentrierte Wendung auf einen Punkt hin, der vielleicht im Inneren der Kakaopackung lag, vielleicht aber auch ganz woanders.

Dienstag

Wenn ich aus dem Fenster blicke, spüre ich am Kinn und oberhalb der Augenbrauen einen Rest feuchte Morgenkälte. Ich stelle mir ein Eichhörnchen vor, mit raureifweißem Schwanz und Eiskristallen an den Ohrenbüscheln. Ich schiebe es mir sachte unter den Pullover. Für eine Sekunde überstreicht mich der Frost, vom Nabel bis in die Halsgrube hinauf.
Moskau wird an die Tafel gemalt, New York, Kairo und am Schluss Paris, mit einem hübschen Eiffelturm. Die Aigner freut sich darüber und wippt in ihren Stöckelschuhen. «Die Geschichte einer Stadt bildet sich in ihrer Silhouette ab», sagt sie und blickt über ihre Brille hinweg in die Klasse. «Was ist eine Silhouette?», fragt Leo Schlemmer. Die ganze Freude der Aigner ist weg. «Skyline kann man vielleicht stattdessen sagen, in den USA zumindest», antwortet sie schließlich. Sie fordert Thomas McNair auf, etwas über die Skyline amerikanischer Großstädte zu erzählen. Thomas steht da, gleich links von mir, riesig und fett. Er schaut über die Aigner hinweg an die Wand neben der Tafel. «Cincinnati», sagt er mit seiner ständig überkippenden Stimme, «Cincinnati hat keine richtige Skyline. Da geht es rauf und runter und rauf und runter. Und Phoenix, Arizona, wo der Bruder

meiner Mutter lebt, hat auch keine richtige Skyline, und Tampa, Florida, wohin der Vater meines Vaters nach seiner Scheidung gezogen ist, hat auch keine.» Die Aigner schaut drein, als würde sie augenblicklich in eine ihrer depressiven Phasen fallen. Ich schätze, sie hat keine Ahnung von Tampa oder Phoenix oder Cincinnati. «Bring sie zum Weinen», sagt Regina halblaut von hinten, «ich möchte sie weinen sehen.» Die Aigner dreht sich zur Tafel. Sie hat es mit Sicherheit gehört. Keiner kann erkennen, ob sie im Moment Tränen in den Augen hat. Sie ist klein, zittrig und fast fünfzig. Es heißt, bei ihrem Mann, der irgendein höheres Tier in der städtischen Krankenhausverwaltung ist, sind die ersten Anzeichen einer Alzheimer-Erkrankung festgestellt worden. «Außerdem war ich nicht einmal sieben, als wir aus Cincinnati weggezogen sind, und an Silhouetten oder so kann ich mich nicht wirklich erinnern», sagt Thomas. Man könnte ihn als Beweis dafür nehmen, dass dicke Menschen im Schnitt netter sind als andere. Leider schwitzt er ziemlich; aber dafür kann er nichts.
Gert fragt, ob wir etwas über die verschiedenen Varietétheater in Paris hören könnten, und Lukas Meineck weiß tatsächlich, wie hoch das Empire State Building ist und dieser Doppelturm-Wolkenkratzer in Kuala-Lumpur. Die Aigner ist wieder besser drauf. Auf eine komische Weise macht mich das zufrieden. Ich schätze, sie ist keine ausgesprochen gute Lehrerin, aber sie ist zum Beispiel eine, die schlechte Noten nur in Notwehr verteilt.
«Wie stirbt ein Trafikant?», frage ich Simone. «Weiß nicht», sagt sie. Sie wirkt dabei ziemlich abwesend. «Was ist mit eurem Telefon los?», zischt mir Susanne zu. Goldknubbel. Der Kragen von gestern. Die Haare immer noch nicht gewa-

schen. Die Aigner spricht über Verwaltungsviertel und Schlafstädte und darüber, warum in den historischen Zentren europäischer Großstädte eher nicht gewohnt wird.
«Ich habe fünfmal versucht, dich anzurufen, aber euer Anschluss war tot. Kein Ton, kein Anrufbeantworter, nichts.» Wenn mir Susanne nahe kommt, kann ich ihre Kopfhaut riechen. «Ich erkläre es dir in der Pause», sage ich. Die Aigner verfällt in die totale Hilflosigkeit, wenn in der Klasse zu viel getratscht wird. Daher tut sie manchen von uns Leid. Im Vorjahr gab es diese fürchterliche Montagsstunde, in der Gert, Christoph und ein paar andere auf den Tischen standen und Tiere imitierten. Nach zwanzig Minuten gab sie auf. Ihr Kinn sank nach unten, die Brille rutschte, und sie begann zu heulen. Christoph war gerade ein Pavian und Thomas Weibl ein Nilkrokodil. Regina saß nur da und sagte: «Macht sie fertig.»
«Wohnen Sie selbst in einer Schlafstadt?», fragt Leo Schlemmer. Er meint die Frage ernst. Wahrscheinlich stellt er sich Millionen übereinander gestapelte Stockbetten vor oder so ähnlich. Ich schätze, er nimmt Anabolika. Oder es wird das Hirn durch das bloße Zuschauen bei diesem Ich-spring-dir-auf-den-Brustkorb-Schwachsinn kaputt. Die Aigner ist sogar zu Wrestling-Fans freundlich. «Ich wohne in der Josefstadt. In Wien ist das alles ein wenig anders», sagt sie und streicht sich ihren olivgrünen Rock glatt. Ich stelle mir vor, wie ihr Mann nachts in einer großen Altbauwohnung herumirrt und das Klo nicht findet, und ich stelle mir vor, wie sie auf dem Bett sitzt und ins Dunkel hineinweint.
Rom zum Beispiel ist eine schöne Stadt. Es hat zwar auch keine Silhouette und keine umliegenden Schlafstädte und keine Slums, aber ich habe gute Erinnerungen an Rom. Ich melde mich nicht, obwohl ich weiß, dass sich die Aigner

über eine Rom-Ansage freuen würde. Den Rest der Stunde beschäftigen wir uns mit öffentlichen Verkehrsmitteln: mit Stockautobussen, mit der Architektur der Victoria Station und mit verschiedenen Taxis. Das heißt, eigentlich beschäftigen wir uns mit London, aber das macht nichts.

In der Pause fällt Susanne mit allem, was sie an Penetranz aufzubieten hat, über mich her. Ganz so, als ob sie ein Recht drauf hätte, dass die Telefone anderer Leute funktionieren. «Wir bekommen eine neue Telefonanlage», sage ich, «tut mir Leid.» «Was heißt neue Telefonanlage?», fragt sie. «ISDN», sage ich, weil ich sicher bin, dass sie nicht weiß, was das ist.

«Ich habe fünf- oder sechsmal angerufen.»

«Tut mir Leid. Ich habe noch die Krankmeldungen durchgegeben, und dann war schon der Montagetrupp da.»

Sie denkt nach, vielleicht über den Montagetrupp. Es hat etwas Peinliches, wenn Susanne nachdenkt. «Welche Krankmeldungen?», fragt sie schließlich. «Drei», sage ich, «eins, zwei, drei Krankmeldungen.» «Wen hast du krank gemeldet?», fragt sie. «Weißt du», sage ich, «dass es auf der Piazza Navona das beste Eis der ganzen Welt gibt?» Sie weiß es natürlich nicht. Erstens hat sie von Eis keine Ahnung, und zweitens würde sie es wahrscheinlich auch glauben, würde ich behaupten, die Piazza Navona liegt in Cincinnati. Zu gewissen Leuten ist man arrogant, und man fühlt sich trotzdem nicht schlecht.

Simone stößt mich in die Seite. Das macht sie selten. «Woran die Albrecht stirbt, weiß ich», sagt sie. Ich liebe Simone für ihre Besonnenheit und für ihre Entenschnabelbrüste. Ein wenig liebe ich sie auch dafür, dass sie ab und zu in diesem heiligen Zorn auflodert. «Sie wird umgebracht werden», sagt

sie, «eines Tages wird man sie finden, ganz blau im Gesicht, mit Würgemalen am Hals oder mit einem Einschussloch zwischen den Augen. In der Zeitung wird stehen: ‹Die Mitschülerinnen der auf gewaltsame Weise ums Leben gekommenen Regina A. sahen es übereinstimmend als den logischen Endpunkt einer tragischen Entwicklung.›» Simone bebt. ‹Beben› ist ein wunderbares Wort für bestimmte Zustände bestimmter Leute. Susanne bebt nie. Yvonne auch nicht. ‹Beben› ist ein Wort wie ein Küken.
Ich stelle mir die Aigner vor, wie sie von hinten ein Stück Wäscheleine um Reginas Hals legt und mit einem Ruck zuzieht. Sie hat dabei einen grenzenlos traurigen Ausdruck im Gesicht. Ich stelle mir die anderen Lehrer vor, wie sie alle im Konferenzzimmer stehen und betreten schauen, und ich stelle mir Christoph vor, wie er plötzlich Angst bekommt.
Die Bogner kommt gemeinsam mit dem Bösen Onkel in die Klasse. Der Böse Onkel ist Blackys Bruder, der ältere der beiden Kirchner-Schulwarte. Er hat sein Haar zu einer komischen, ein wenig nach hinten gerichteten Welle zusammengepappt, nicht direkt Elvis Presley, aber doch so in der Art. Er stellt sich frontal vor die Klasse und hebt einen Zettel vor die Brust. Er trägt eine mittelbraune Hose mit Bügelfalte und offene Sandalen. Er ist nicht Susannes Vater. Die Bogner lehnt lässig am Lehrertisch. Ich wundere mich, dass keiner so was sagt wie ‹Ein Traumpaar›. «Der Unterricht endet heute für die Zweite B-Klasse nach der vierten Stunde», liest der Böse Onkel vor, «Herr Professor Schneider ist krank, die Deutschstunde entfällt.» Jubel von den üblichen Leuten. Das war vorhersehbar. Ich denke an die letzte Deutsch-Hausübung: ‹Meine beste Freundin. Eine Charakteristik›. Simone würde wahrscheinlich nicht alles gefallen.

To have magic fingers. To walk in one's sleep. Helicopter. Microphone. Lilly Bogner hat einen guten Morgen gehabt. Ich schätze, sie hat Spiegelei zum Frühstück gegessen. Ich sehe, wie sie ein Stück aus ihrer Semmel bricht und in den Dotter des Spiegeleies taucht. Ich sehe einen Dottertropfen auf den Teller fallen. Ich sehe sie den Dottertropfen vom Teller wischen. Ich sehe, wie sie die Fingerkuppe abschleckt. Eine mattschwarze Lederhose mit Prägestruktur, ein eierschalenfarbener Baumwollpulli, dunkelgraue Raulederpumps. Sports car. Wait and see. Vegetables. Sie prüft natürlich die Vokabeln. Da sie einen guten Morgen gehabt hat, fragt sie Simone und Stefanija, danach Dominik und Thomas McNair. McNair verzieht ein klein wenig sein Gesicht. «Was ist los?», fragt sie. «Nichts», sagt McNair. «Er hat in Geographie schon nichts gewusst», schreit Gert hinaus. «Was heißt ‹microphone›?», fragt sie Gert. Sie nimmt ihre Armbanduhr ab und legt sie auf den Tisch. «Sie wollen mich pflanzen?», sagt Gert. Lilly Bogner lacht. «Ich habe gedacht, du weißt es», sagt sie. Gert bekommt wiederum einen seiner unermesslichen Aufregungsanfälle. Ihn ‹microphone› zu fragen, sei genauso eine Sauerei wie McNair dranzunehmen, der doch in Geografie schon drangewesen sei, wo sie doch wisse, dass er sich gegen rein gar nichts zur Wehr setzen könne. Und überhaupt sei es der pure Zynismus, McNair Englisch-Vokabeln zu prüfen, das sei ungefähr so, als lasse man einen Geigenvirtuosen ein Fis auf die Tafel malen. «Was heißt ‹Es war einmal›?», fragt Lilly Bogner. «Once upon a time», sagt Gert. Enemy soldier, denke ich, once upon a time an enemy soldier.

Die Armbanduhr ist eine aquamarinblaue Breitling mit Stahlgehäuse und einem schmalen Goldring rund ums Zifferblatt. Aquamarinblaues Lederband mit Goldschließe. Sie hat die Uhr im Vorjahr zum Geburtstag bekommen, von ihrem Freund, nehme ich an. Ich stelle mir vor, wie sie zu Hause ins Badezimmer geht, um sich die Hände zu waschen. Wie sie die Uhr auf die blau-weiß gekachelte Fläche zwischen den beiden Waschbecken hinlegt. Wie sie einen Blick in den Spiegel wirft, eine kleine Grimasse schneidet und dann mit dem Zeigefinger den Hebel der Waschtischarmatur nach oben kippt. Ich habe ihr doch den Einhandmischer von Grohe gegeben und nicht so ein altmodisches Messingzeug. Sie kontrolliert die Wassertemperatur mit der Spitze des kleinen Fingers. Sie beugt sich vor und haucht den Spiegel an. Sie beobachtet, wie die Trübung wieder verschwindet.

Wir wiederholen die Unterscheidung zwischen ‹will› und ‹going to›. Das ist zwar Stoff aus Unit 12, doch dürften die letzten Hausübungen bei einigen so katastrophal ausgefallen sein, dass die Bogner es für notwendig hält. Sie nimmt in erster Linie Weibl, Yvonne und Caroline dran. Yvonne trägt einen dunkelvioletten Rolli und eine deutlich weniger dunkelviolette Stretchhose, dazu schwarze Lackstiefeletten. Irgendwie passt dazu, dass sie die Sache mit ‹will› und ‹going to› überhaupt nicht schnallt. Von eierschalenfarbenen Baumwollpullis oder dunkelgrauen Raulederpumps ist sie sowieso Lichtjahre entfernt. Ich weiß immer noch nicht, was ‹Schnecke› heißt. Die Halsgrube ist auch für Goldschnecken an Stahlreifen ein guter Ort, denke ich. Caroline versucht sich über ihre Unsicherheiten mit irgendwelchen gestelzten Floskeln hinwegzuschleimen. Weibl sagt gar nichts. Das ist wenigstens nicht so peinlich.

Vor mir schält Lukas Meineck ein Salamibrot aus der Alufolie. Er schlägt seine Mausezähne hinein. Lilly Bogner staucht ihn sicher nicht zusammen, sollte sie es bemerken. Meineck ist so winzig, dass jeder glücklich ist, der ihn essen sieht. Er hält Clemens, seinem Sitznachbarn, das Brot hin. Clemens schüttelt den Kopf. Er würde niemals abbeißen. Clemens ist der unauffälligste Mensch dieser Welt. Keiner kann ihn beschreiben, seine Noten sind ausnahmslos durchschnittlich, ab und zu ein Ausreißer nach oben oder unten, gerade so, dass es auch wieder durchschnittlich ist. Familienname Schmidt. Katalognummer fünfzehn. Das ist vielleicht das Einzige, das nicht so passt, drei mal fünf, fünf mal drei. Siebzehn wäre besser. Ich habe Hunger. In letzter Zeit habe ich noch mehr Hunger als sonst. An Magersucht werde ich nicht sterben. An Herzverfettung allerdings auch nicht. So ein kleiner Salamibrothunger macht noch keine Herzverfettung.

Alexandra liest ‹Three magic apples›, eine ziemlich idiotische Kindergeschichte über einen Knaben und eine alte Frau. Meineck isst Salamibrot, Christoph schaukelt auf seinem Stuhl, Simone schreibt etwas auf einen Zettel. Sonst passt auch niemand auf. «Tell the apple what you want to be. Eat it slowly, and then wait and see.» Das merkt man sich trotzdem.

Nini hebt den Arm. Sie tut das selten, daher fällt es auf. «Frau Professor, mir ist schlecht», sagt sie. Sie ist dabei total weiß im Gesicht, und es klingt wie: «Frau Professor, helfen Sie mir, ich fühle mich, als würde ich gleich tot umfallen.» Wenn Yvonne sagt: «Frau Professor, mir ist schlecht», dann klingt das eher wie: «Frau Professor, auch Sie sollen wissen, dass ich gleich einen fürchterlichen Zusammenbruch erleiden werde.» Christina, die neben Nini sitzt, starrt mit schreckensweiten Augen an die Tafel. Die Bogner überlegt kurz. «Wie schlecht?», fragt sie dann. Nini sagt gar nichts mehr. «Geh für ein paar Minuten an die frische Luft», sagt die Bogner, «und nimm dir jemanden mit.» Nini blickt sich um. Christina starrt weiterhin und fürchtet sich. Ich verstehe es nicht ganz. Ich glaube, sie mag Nini. Nini senkt den Kopf. Sie ist unglaublich blass und unglaublich hässlich. Stefanija steht auf, geht nach vorne, nimmt Nini am Oberarm. Die beiden verlassen die Klasse. Lilly Bogner schaut erst Christina an, dann uns alle. Sie schüttelt den Kopf. Stefanija und Nini haben nichts gemeinsam außer die Sache mit dem Taueklettern. «Sie ist schwanger.» – Das kommt von Leo, nicht von Gert. Keiner lacht, nicht einmal Christoph. Leo muss den Inhalt von ‹Three magic apples› nacherzählen, erst auf Englisch, als er das nicht kann, auf Deutsch, und als dabei offensichtlich wird, dass er keine Sekunde aufgepasst hat, das Ganze als Zusatzhausübung auf Englisch, schriftlich. Die Bogner legt ihre Armbanduhr wieder um. Wenn sie das vor dem Läuten tut, ist es kein gutes Zeichen. Sie lässt Yvonne und Christina abwechselnd die im Buch vorformulierten Fragen zum Text beantworten. ‹Why did Andy eat the first apple?›, ‹What did the old woman tell him to do?› und so fort. Die Bogner krittelt an jeder Formulierung endlos herum. Christina ist dem Weinen nahe. Ich bekomme die Idee, Nini könnte schwanger sein, nicht aus meinem Kopf. Warum das so ist, ist eine andere Frage. Möglicherweise wäre Nini eine ganz gute Mutter. Ich stelle mir vor, wie sie mitten in der Klasse sitzt und ihre kleine Tochter stillt. Alle schauen zu, und keiner macht eine blöde Bemerkung.

Wir bekommen drei Nummern aus dem Workbook als Hausübung. Gert regt sich augenblicklich darüber auf. Die

Nummern tragen die Titel ‹Oscar's cactus›, ‹The magic carrot› und ‹Superman›. Darüber regt er sich nicht auf.
«Ein Trafikant?», fragt mich Simone auf der Treppe, «es war doch ein Trafikant, oder?» «Ja», sage ich, «ein lupenreiner Trafikant.» Das wirft sie um. Simone kann so feierlich ernst sein wie kein anderer Mensch auf dieser Welt, und dann kann sie von einer Sekunde auf die andere völlig außer sich geraten über so was wie einen ‹lupenreinen Trafikanten›. Es schüttelt sie dermaßen, dass sie sich am Geländer festhalten muss, und sie will wissen, was rein ist an diesem Typen und wie die Lupe ausschaut, durch die man das Reine betrachtet. Sie hört erst auf zu lachen, als ich sie frage, ob sie sich vorstellen kann, dass Nini einen Sohn bekommt. Sie blickt eine Weile durch mich hindurch, mitten durch meine Stirn, dann spitzt sie die Lippen und schüttelt den Kopf. «Nein», sagt sie, «Nini wird keinen Sohn bekommen. Schau sie dir an. Niemals wird Nini einen Sohn bekommen.» Ich bin beruhigt. Ein wenig ist es, als hätte sie gesagt, Nini hat keine unheilbare Krankheit.
Judith ist erneut nicht da. Ihre Mutter habe angerufen und etwas von einer psychischen Krise erzählt. Blacky hasst es eindeutig, selbst am Buffet zu stehen. «Andererseits ist es sicher besser, sie hat ihre psychischen Krisen zu Hause», sagt er, «keiner ist interessiert daran, dass sie hier ihren Kopf gegen die Wand knallt.» Dagegen gibt es nicht wirklich etwas einzuwenden. Ich zeige auf eine Wurstsemmel in der dritten Reihe. Blacky legt die Stirn in Falten. «Warum ausgerechnet die?», fragt er. «Ein Gefühl», sage ich, «einfach ein Gefühl.» Ich nehme heute kein Getränk. Magerkakao zur Zimtschnecke ist in Ordnung, Magerkakao zur Wurstsemmel ist unvorstellbar. Simone isst gar nichts. Schon aus einer Entfernung von drei

Metern spürt man, dass ihr der Appetit vergangen ist. Wenn sie leidet, sieht Simone besonders gut aus. Sie hat ihren Blick nach innen gekehrt, eine Strähne ihres glatten schwarzbraunen Haares hängt ihr in die Stirn, dazu trägt sie eine grob gestrickte dunkelgrüne Weste mit Rundausschnitt. Die Essiggurke in der Wurstsemmel ist keine süßsaure von Sticksi. Das sage ich allerdings nicht. Nini ist schwanger mit einem wunderbaren kleinen Mädchen, das nur ein wenig dick sein wird und nicht auf Taue wird klettern können. Judith hat es trotz aller Bemühungen wieder einmal nicht geschafft, ihrer Mutter in die Augen zu schauen, und schlägt sich daher an der Wand über ihrem Bett die Stirn blutig. Meine Jeans sind eng und glänzen an den Oberschenkelvorderseiten.

«Hast du bemerkt, wie du ihn aus dem Konzept gebracht hast?», fragt mich Simone. «Wen? Aus welchem Konzept?», frage ich zurück, obwohl ich genau weiß, was sie meint. «Blacky», sagt sie, «du hast ihn total aus seinem Konzept gebracht.»

«Wie meinst du das?»

«Du hast die Wurstsemmel aus der dritten Reihe genommen. Das kommt in seinem Plan nicht vor.»

«Meinst du?»

«Blackys Welt besteht in erster Linie aus Zwängen und Ritualen. In seiner Welt nimmt man Wurstsemmeln aus der ersten Reihe.»

«Muss ich mich entschuldigen?»

«Im Gegenteil», sagt Simone, «er sollte dir dankbar sein. Du hast seinen Horizont erweitert.»

Zwänge und Rituale können ganz schön hilfreich sein. Das sage ich aber nicht, und das mit Nini sage ich nicht, auch das mit Judith nicht und schon gar nicht das mit meinen Jeans.

Dominik, Gert und Kurt Kraupp stehen vor der Tafel und singen die Hymne irgendeines spanischen Fußballklubs. Alle drei haben dabei die rechte Hand aufs Herz gelegt. Nini und Stefanija sind noch nicht zurück in der Klasse.

Widmann trägt ein neues, in Brauntönen kariertes Sakko und einen beigen Rollkragenpulli. Er schleudert seine Lederaktentasche in einem flachen Bogen auf den Lehrertisch. Ich denke, er übt das zu Hause. «Fehlt noch jemand außer eurem Klassenvorstand?», fragt er. Wenn er einen Unterton in seiner Rede hat, schnarrt seine Stimme ganz besonders. «Teinfalt und Ivanescu», sagt Dominik, «der einen ist schlecht geworden, die andere hat sie begleitet.» Widmann schreibt irgendwas ins Klassenbuch. Ich stelle mir seine Handschrift vor. Sie sieht aus, als bestünde sie aus lauter extraschmalen Druckbuchstaben. Er wendet sich wieder an Dominik. «Gibt es irgendeinen Grund zur Amtshandlung, Herr Klassensprecher?», fragt er. Widmann ist unser stellvertretender Klassenvorstand, und wenn es ihm gerade passt, nimmt er das sehr ernst. Dominik überlegt erst, schüttelt dann den Kopf. «Nicht dass ich wüsste», sagt er. «Weißt du vielleicht etwas über die Übelkeit?», fragt Widmann. Dominik ist verwirrt, das heißt, eigentlich trägt er einen akuten Entmaterialisierungswunsch im Gesicht. «Sie hat einfach aufgezeigt und gesagt, ihr ist schlecht», sagt er schließlich.

«Ich meine nicht die Übelkeit des Fräulein Teinfalt, ich meine Übelkeit im Allgemeinen und vor allem in Zusammenhang mit unserem Lernstoff.»

«Übelkeit geht vom Magen aus», stammelt Dominik.

«Weshalb geht Übelkeit vom Magen aus?»

«Zum Beispiel wenn das Essen verdorben ist.»

«So oft ist das Essen nicht verdorben.»
Dominik sagt nichts mehr. Widmann schaut sich um. Da wir in der letzten Stunde die verschiedenen Teile des menschlichen Skelettes besprochen haben und das nicht direkt mit dem Magen zu tun hat, da außerdem Stefanija mit Nini unterwegs ist, müsste ihm klar sein, dass keiner da ist, der Bescheid weiß.
«Mir wird gleich schlecht», murmelt Kurt Kraupp, der schräg rechts hinter mir sitzt, «von braun karierten Kleidungsstücken wird mir immer schlecht.» Kraupp ist im Allgemeinen ein überdurchschnittlich verträglicher Mensch, doch Widmann hasst er. Es war einerseits so ein Auf-den-ersten-Blick-Phänomen, schon in der ersten Klasse, andererseits glaube ich, dass es etwas mit Kraupps Vater zu tun hat.
«Was hat uns Herr Kraupp zu sagen?» – Wenn es drauf ankommt, hat Widmann seine Ohren überall.
«Ich habe nur gesagt, mir ist auch schon ein wenig flau im Magen.»
«Ist das von allgemeinem Interesse, oder beantwortet es die Frage nach der Entstehung von Übelkeit an sich?»
«Es könnte etwas Ansteckendes sein.»
Wenn er Kraupp fixiert, blickt Widmann direkt über mich hinweg. Ich schätze, ich habe inzwischen so was wie eine Doppelbrandspur auf der Kopfhaut. Simone hebt den Arm. Sie hält diese Art von Spannung nicht aus. Widmann macht eine kaum wahrnehmbare auffordernde Kopfbewegung.
«Ich glaube, die Ursache von Übelkeit hat etwas mit der Nervenversorgung des Magens zu tun», sagt Simone. Widmann zieht eine Augenbraue in die Höhe. Kraupp gleitet aus seiner Schusslinie. «Aha. Mit der Nervenversorgung?!», sagt Widmann.

«Ich glaube, es verhält sich folgendermaßen.»
Immer wenn Simone ‹Ich glaube, es verhält sich folgendermaßen› sagt, weiß sie absolut genau, wovon sie spricht. Widmann geht, ohne Simone aus den Augen zu lassen, seitlich zum Lehrertisch und setzt sich obenauf. Simone erzählt von irgendwelchen sympathischen und parasympathischen Nervengeflechten, die den Magen umhüllen, von engen und weiten Arterien und Venen und von Zusammenhängen mit der Stresshormonausschüttung und der Blutdruckregulation. «Streberin, Streberin», sagt Regina laut von hinten. Susanne neben mir lacht blöd. Ich wette, sie hat keine Ahnung, wo der Magen liegt. Stresshormone und Blutdruck besitzt sie sowieso nicht. Kraupp trinkt aus einer Eisteepackung. Er wirkt jetzt halbwegs entspannt. Widmann gibt ein anerkennendes Geräusch von sich, als Simone fertig ist. Er trägt etwas in sein olivgrünes Notizbuch ein. «Ihr Vater ist Apotheker», beschwert sich Gert. Widmann blickt demonstrativ nach links und rechts. «Siehst du irgendwo ihren Vater?», fragt er. Gert darf die Abschnitte der menschlichen Wirbelsäule aufzählen und jeweils die Anzahl der Wirbel zuordnen. Er irrt sich bei den Hals- und bei den Lendenwirbeln. Es heißt, Widmann hat eine philippinische Krankenschwester zur Frau, die ihm total hörig ist. Von Kindern weiß keiner etwas.
Wenn Widmann mit übereinander geschlagenen Beinen auf dem Lehrertisch sitzt, rutscht ihm manchmal seine Cordhose nach oben, sodass man zwischen Socken und Hose einen Streifen seiner Haut sieht. Mich macht das rasend. Das braun karierte Sakko, die philippinische Ehefrau, der Streifen weiße Haut. Ich wende mich nach hinten zu Simone. Sie hat die Augen geschlossen und schaut trotzdem ange-

strengt. Widmann springt vom Tisch und teilt ein Arbeitsblatt aus: Die Knochen der menschlichen Hand. Ich betrachte die Zeichnung und muss mir dünne weiße Haut über diesen unzähligen Knöchelchen vorstellen und blassviolette Blutgefäße unter der weißen Haut. Widmann erzählt etwas über die Sattelform des Daumengrundgelenkes und über die Bewegungsmöglichkeiten des Daumens, die sich daraus ergeben. Wir sollen alle unsere Daumen kreisen lassen. Links hinten kreisen erwartungsgemäß die Mittelfinger. Gert, Christoph, Leo Schlemmer. Widmann holt die drei vor zu sich. Er drückt ihnen je ein Stück Kreide in die Hand. Sie müssen es zwischen Zeige- und Mittelfinger halten und auf diese Weise die Namen sämtlicher Knochen der Hand an die Tafel schreiben, ganz ohne Benützung des Daumens. «Und für Herrn Kanovski, unseren Gerechtigkeitsfanatiker», sagt Widmann zu Gert, «dies ist keine Quälerei von Schülern, sondern der gezielte Einsatz von Selbsterfahrung als Mittel des Erkenntnisgewinnes. Kapiert?» Gert nickt ohne Worte. Das kommt selten vor.
Leo Schlemmer hat die ersten nennenswerten Schwierigkeiten beim Doppelpunkt nach ‹Handwurzelknochen›. Christoph verbraucht allein für das ‹Kahn› von ‹Kahnbein› eine ganze Kreide. Gert versucht die Klasse zu Anfeuerungen zu animieren, was ihm nicht gelingt. Er schreibt einfach ‹Hakenbein› hin und ist dabei ziemlich geschickt.
Ich betrachte zwischendurch meine Hände. Meine Finger sind weder kurz noch wirklich lang. An beiden Daumenballen habe ich viele feine Längslinien, auf dem linken Handrücken, im Dreieck, das die Verlängerungen von Daumen und Zeigefinger bilden, zwei kleine runde Narben. Mir kommt eine Idee. Ich reiße den Arm in die Höhe. «Ist dir

auch schlecht?», fragt Widmann. Ich schüttle den Kopf. «Ich möchte in der nächsten Stunde ein Referat halten», sage ich.
«Worüber?»
«Haut und Knochen.»
«Wie bitte?!?»
«Über Haut und Knochen. Oder so in der Art zumindest.»
Widmann legt die Stirn in Falten, aber er trägt es in sein Notizbuch ein. Dann schickt er die drei aus ihrer Selbsterfahrung auf die Plätze zurück. Gert verbeugt sich vor der Klasse. Christoph verkrümmt Zeige- und Mittelfinger zu einer komischen Klaue. Leo Schlemmer schaut dumm, sonst nichts. ‹Das Schiffchen fährt im Mondenschein dreimal um das Erbsenbein.› – Das merke ich mir aus dem Rest der Stunde.
In der Pause kommen Nini und Stefanija zurück. Nini ist nach wie vor ziemlich blass. Sie spricht kein Wort. Stefanija sagt, Nini sei im Schularztzimmer die ganze Zeit auf der Untersuchungspritsche gelegen. Sie habe mehrmals versucht in die Klasse zurückzukehren, aber nach zwei, drei Schritten sei ihr jedes Mal schlecht geworden. «Frauen, die mit Töchtern schwanger sind, leiden häufiger unter Übelkeit», sagt Simone. Das habe mit dem Beta-HCG zu tun. Ninis Stirn ist über und über bedeckt mit winzigen Schweißperlen. Ich wollte schon anbieten, ihr eine Zimtschnecke vom Buffet zu holen, aber sie sieht überhaupt nicht danach aus. Außer dass sie ein Terrarium mit griechischen Landschildkröten zu Hause hat, weiß ich eigentlich nichts von Nini. Ihre Eltern besitzen ein Taxiunternehmen. Das weiß ich auch noch.
Yvonne pflanzt sich vor mir auf. Sie hat Caroline im Schlepptau. «Wie hast du das gemeint mit deinem Referat?», fragt sie.
«Die Frage verstehe ich nicht», sage ich.
«Haut und Knochen. Was soll das heißen?»

«Ich werde über die Haut reden und über Knochen. Denke ich zumindest.»

«Sprichst du über Essstörungen?» Im Hintergrund stemmt Caroline die Arme in die Hüften.

«Über Essstörungen?»

«Über Magersucht und so?»

«Du hast einen schönen Rolli», sage ich zu Yvonne, «seine Farbe passt nicht genau zur Farbe der Hose, aber er ist schön. Und ich verspreche dir, nicht über Essstörungen zu reden.» Yvonne schaut an sich hinunter. Caroline ebenfalls. Sie ist unauffällig gekleidet. Yvonne hebt den Kopf und funkelt mich an. «Dein BH ist in der Wäsche, oder?», sage ich, bevor ihr etwas einfällt. Über die Lackstiefeletten sage ich nichts.

Ich schlage Simone vor, Blacky noch einmal zu irritieren, doch sie hat keinen Hunger. Auf dem Weg zum Physiksaal drehen wir eine Runde durch den zweiten Stock, vorbei an den vierten und siebenten Klassen. Christina folgt uns in einem Abstand von fünf Metern. Sie trägt das Physikheft aufgeschlagen vor sich her und tut so, als würde sie sich für die folgende Stunde vorbereiten. «Sie ist mir unangenehm. Sie ist mir unangenehm, weil sie mir so Leid tut», sagt Simone. Ich nicke nur. Es hängt nicht damit zusammen, dass Christina klein und dünn ist, nicht damit, dass sie eher unterdurchschnittliche Noten bringt, auch nicht damit, dass sie immer komische alte Kleider trägt. Sie hat auch nicht sieben Geschwister oder gar keine oder einen trinkenden Vater oder eine Prostituierte als Mutter. Sie wohnt in der Simmeringer Hauptstraße, im elften Bezirk, eine Straßenbahnstation vom Zentralfriedhof entfernt. Aber auch das ist nicht der Grund dafür, dass sie einem Leid tut.

In dem großen Schaukasten sind momentan die Ergebnisse des Lomographie-Projektes der Sieben A ausgestellt. Irgendjemand hat nur Pissoirbecken fotografiert, die meisten mit leuchtend blauen Frischesteinen drin. In einem der Becken sitzt eine kleine gelbe Plastikente. Neben dem Schaukasten lehnt Gregor Hassler, der Schulsprecher, an der Wand und unterhält sich mit zwei Klassenkollegen. «Er hat einen zu kurzen Hals», sagt Simone. Ich finde das nicht. Er trägt sein blondes Haar in einem knappen Pferdeschwanz, außerdem eine ziemlich elegante rahmenlose Brille. Christina geht auf die drei zu und spricht mit ihnen. Sie blickt dabei ständig zu Boden. «Vielleicht ist sie mit einem von ihnen verwandt», sagt Simone. Für einen Augenblick tut mir Christina ein Stück weniger Leid als sonst.

Während ich mir auf dem Klo die Hände wasche, schaue ich nicht in den Spiegel. Ich weiß, wie ich aussehe. Groß, überall etwas gepolstert, abstehende Ohren, das linke mehr als das rechte, kinnlanges Haar, glatt, brünett, ein Haarreifen.

Die Pseudovorbereitung war für die Katz, denn nicht Christina, sondern Lukas Meineck kommt zur Stundenwiederholung dran. «Ich bin zwar schon in Semesterferienstimmung», sagt Werner, «aber ihr sollt noch nicht in Semesterferienstimmung sein.» Er steht da, leicht gebückt wie immer, und blickt über den Oberrand seiner Brille auf Meineck hinab. Meineck soll etwas über Teilchenbewegungen in den verschiedenen Aggregatzuständen erzählen und hat keinen blassen Schimmer. «Welche Aggregatzustände kennst du überhaupt?», fragt Werner. Meineck versucht Werner in einer Mischung aus überzeugt und treuherzig anzuschauen. «Garados», sagt Weibl halblaut in die Klasse hinein. «Wasser», sagt Meineck. Werner ist halbbegeistert.

«Na also», sagt er, «und wie ist Wasser?» «Flüssig», sagt Meineck.

«Hervorragend. Und welche Aggregatzustände existieren deiner Meinung nach noch?»

«Glurak», sagt Weibl. «Feuer», sagt Meineck. Weibl sinkt auf den Tisch hin. Das nützt ihm allerdings gar nichts. Er muss Werner genau den Code seines Einsagens entschlüsseln, was wiederum zwangsläufig dazu führt, dass er gemeinsam mit Lukas Meineck die Systematik der Pokémon an die Tafel zu malen hat. Meineck ist Weibl pokémonmäßig haushoch überlegen, das wird sofort klar. Das heißt, eigentlich glotzt Weibl nur und lässt sich erklären, wie sich das bei Glurak genau mit der Gewichtung von Feuer- und Fluganteilen verhält. Inzwischen gerät Christoph in einen mittelschweren Hyperaktivitätszustand. Er demonstriert sämtliche Pokémon-Attacken, die er kennt, in erster Linie Bodyslam, Hyperstrahl und Sternschauer. Thomas McNair wird zum Ziel der Angriffe und schlägt zurück. «Turtok, Hydropumpe», sagt er und knallt Christoph den Handballen gegen die Stirn. Christoph kriegt einen roten Fleck und steigt auf Psychokinese um. Susanne, die im Physiksaal direkt vor mir sitzt, lackiert sich die Fingernägel signalgrün. Gert zeigt auf und fragt, ob die Sache mit den Pokémon, erstens, im Lehrplan stehe, ob sie, zweitens, ins Heft zu schreiben sei und ob man, drittens, damit rechnen müsse, in der nächsten Stunde danach gefragt zu werden. Werner wird ganz besonders freundlich, wie meistens bei Gerts Erstenszweitensdrittens-Fragen. Erstens sei das ganze Leben Physik, was naturgemäß in ihrer Existenz als relativ gesichert geltende Lebewesen wie Pokémon einschließe, zweitens bestimme, was zum Stoff gehöre, immer noch er, und drittens brauche er für den folgenden Ver-

such einen Assistenten, als welcher er, Gert, sich mit Sicherheit ganz hervorragend eigne. «Zyniker», sagt Regina.
Es gibt eine Pokémon-Attacke, die ‹Traumfresser› heißt. Sie ist eine der mächtigsten, wenn nicht die mächtigste überhaupt.
Werner hat angeblich drei Söhne, die alle schon studieren, und eine kleine runde Frau mit blond gefärbten Dauerwellen. Er soll ein ziemlich guter Schachspieler sein, Vizelandesmeister oder so in dieser Preislage.
«Missbrauch eines Schülers als Hilfskraft», sagt Gert, während er die eine von zwei transparenten Kunststoffwannen auf dem Arbeitspult zurechtschiebt. Werner füllt die beiden Wannen mit Wasser. Dann stellt er einen Topf mit alten Zehngroschenmünzen zwischen die Wannen. «Wer von uns die meisten Münzen zum Schwimmen bringt, hat gewonnen», sagt er zu Gert. Lukas Meineck ist Kampfrichter und darf das Startzeichen geben. «Halt!», brüllt Gert. «Betrug! Seit wann schwimmen Münzen?!?» Im Nu hat Werner fünf Münzen so auf die Wasseroberfläche gelegt, dass sie nicht untergehen. Gert ist völlig fertig und versucht es ihm nachzutun. Dreiundzwanzig Münzen gehen unter, dann kapituliert er. Meineck erklärt Werner zum Sieger. «Probier's einmal in meiner Wanne», sagt Werner. Beim zweiten Versuch schwimmt auch Gerts Münze. Er ist empört und glücklich zugleich. Werner zieht Gerts Arm in die Höhe, als wäre er der Gewinner eines Boxkampfes.
«Was hältst du vom Traumfresser?», frage ich Simone. Sie denkt nach. «Klingt unangenehm», sagt sie, «irgendwie bedrohlich.» «Wie sieht er aus?», frage ich. Sie zuckt die Schultern.
Werner erzählt uns irgendein Quaqua über die Temperatur-

abhängigkeit von Teilchenbewegungen und wie das im Extremfall bei einer Explosion abläuft. «Versuch, Versuch!», brüllen natürlich einige. Werner scheint tatsächlich kurz zu überlegen, winkt dann aber ab. Stattdessen leert er aus einem schmalen Glaszylinder mit Gummistoppel eine Portion Quecksilber in eine flache Keramikschale. Wer will, darf nach vorn kommen und sich die Flüchtigkeit der Kügelchen ansehen. Alle wollen. «Zuerst die linke Hälfte», bestimmt Werner. In diesem Moment beginnt Nini im Schwall aus der rechten Saalhälfte in den Mittelgang hineinzukotzen. Wie Wellen läuft es durch sie hindurch, und ab dem dritten oder vierten Würgen weint sie gleichzeitig. Werner blickt auf, schüttet das Quecksilber durch einen Porzellantrichter in das Glasgefäß zurück und stoppelt zu. Er steigt die zwei Stufen hinauf, tritt seitlich an Nini heran und legt ihr seinen Arm um die Schulter. «Ist schon gut», sagt er, «ist schon gut. Was raus will, soll auch raus.» Ab einem bestimmten Zeitpunkt weint Nini nur mehr, und die Kotzerei hat ein Ende. «Sie hat schon in der Englischstunde damit begonnen», sagt Yvonne. «Sie ist krank», sagt Werner. Er hat offenbar Routine im Umgang mit derartigen Zuständen.
Ninis Kotze ist ziemlich homogen orangefarben mit ab und zu einem hellen Sprenkel drin. Sie riecht, wie Kotze zu riechen hat. Die üblichen Leute ziehen die Nase kraus.
Dominik geht und holt Frau Weiss, eine unserer Putzfrauen. Allmählich scheint er in sein Amt hineinzuwachsen. Frau Weiss erledigt das Aufwischen höchst souverän. «Mutter anrufen. Abholen lassen», sagt sie zu Werner. «Willst du, dass wir deine Mutter verständigen?», fragt Werner. Nini blickt flehentlich zu Stefanija hinüber, die neben ihr sitzt. «Ich weiß, wo sie wohnt», sagt Stefanija, «ich begleite sie nach Hause. Es

ist kein großer Umweg.» Werner ist beruhigt und lässt die beiden gehen. «Sie will uns beschämen», flüstert mir Simone zu, «ich wette, sie will uns alle beschämen.» Stefanija wohnt wirklich in Ninis Nähe, das weiß allerdings auch Simone.

Werner steht da, ein wenig unschlüssig, mit seinem Buckel. Er blickt auf seine Armbanduhr. «Machen wir Schluss, meine Herrschaften», sagt er. Es ist knapp zehn Minuten vor dem Läuten. Alle freuen sich. Nur Gert passt es wieder einmal nicht. «Wer beaufsichtigt uns?», fragt er. «Wir sind noch nicht vierzehn.» Werner blickt sich um. «Schlemmer, du bist der Stärkste», sagt er, «du beaufsichtigst unseren Herrn Juristen.» «Schlemmer ist auch noch nicht vierzehn», protestiert Gert. Werner sagt nichts mehr und räumt das Quecksilber weg.

Auf dem Weg in die Klasse hält mich Simone auf, zirka vor der Sechs B. «Ein Traumfresser ist ein kleines kugeliges Wesen mit außen einem weichen Pelz drum herum und vielen spitzen Zähnen im Maul», sagt sie. Ich stelle mir die Macht der Traumfresser vor und bin zufrieden. «Das könnte stimmen», sage ich. Ich denke nicht daran, bei Lukas Meineck nachzufragen.

Die anderen packen ihre Sachen und gehen. Ich bleibe noch eine Weile in der Klasse sitzen. Simone kennt mich inzwischen und verschwindet ebenfalls. Ich werde die Hausübung nicht vorlesen. Ich werde auch das Heft nicht abgeben. Was ich über Simones Starrsinn geschrieben habe, würde ihr vielleicht weniger gefallen. Das über die Ernsthaftigkeit schon. Deutsch geht mir ab. Nicht wegen etwas Bestimmtem, einfach so.

Der Wind ist kalt und böig. Ich ziehe den Reißverschluss meiner Steppjacke zu. Längs über einen großen silberfarbe-

nen Opel laufen die Fußabdrücke eines Tieres, einer Katze vielleicht oder eines Marders. Ich glaube, das Auto gehört Linhardt, einem neuen Professor für Französisch und Latein. Auf den anderen Autos sehe ich keine dieser Spuren. Nausch ist wieder mit seinem graugrünen VW-Käfer da.
Im Durchgang zum Schottenhof die texanischen Hühnerflügel um neunachtzig. Als Tagesspezialität eine gefüllte Kalbsbrust um elf.
Auf der Freyung steige ich in den Autobus. Das tue ich nur, wenn gerade einer daherkommt. Vor mir sitzt eine Schwangere in einem fürchterlichen hellblauen Mantel. Sie plagt sich mit einem kleinen Mädchen ab, das ständig zu ihr auf den Schoß klettern will. Ich beuge mich vor zu der Frau. «Haben Sie am Anfang der Schwangerschaft erbrechen müssen?», frage ich. Die Frau weiß erst nicht, was sie sagen soll. Das Mädchen ist sofort interessiert an mir. «Warum willst du das wissen?», fragt die Frau.
«Einfach so. Es ist wichtig.»
«Fragst du immer fremde Leute einfach so?»
«Eine Klassenkollegin von mir ist vielleicht schwanger.»
Die Frau mustert mich und ist erschüttert. «Ja, wie alt bist du denn?», fragt sie. «Ich werde dreizehn», sage ich. Es ist die Wahrheit. «Das ist ja furchtbar», sagt die Frau, «schwanger mit dreizehn.» «Haben Sie erbrechen müssen?», frage ich noch einmal. «Ja», sagt sie, «ja, ich habe erbrechen müssen. Fast zwei Monate lang. Es war die Hölle.» «Dann wird es wieder ein Mädchen», sage ich. Die Frau scheint nicht recht zu wissen, ob sie sich freuen soll oder nicht. Von Beta-HCG erzähle ich jedenfalls nichts. Ich steige auf dem Petersplatz aus. Das kleine Mädchen schaut traurig und winkt mir mit beiden Armen nach.

Ich gehe durch die Goldschmiedstraße auf den Stephansplatz zu. Die Route des 1A führt zwar die gesamte Wollzeile entlang, ich steige jedoch immer früher aus, wenn ich dorthin möchte. Vielleicht hat es damit zu tun, dass man sich wie in einem Tunnel fühlt, wenn man mit dem Bus durch die Wollzeile fährt.

Auf dem kleinen Platz am Ende der Kennedy-Passage, unmittelbar neben dem Maronibrater, stoße ich auf den Trafikanten. Ich habe ihn nicht so bald erwartet und erschrecke ein wenig. Der Trafikant ist graugelb im Gesicht. Seine Augen liegen tief, und seine Knochen zeichnen sich deutlich ab. Er trägt ein ockerfarbenes Cordhemd. Darunter ziehen zwanzigdreißigvierzig rote Streifen direkt auf sein Herz los. Er leidet an einer schweren Blutvergiftung. Jede Behandlung kommt zu spät. Ich nötige ihn, mich ein Stück in die Wollzeile hineinzubegleiten. Er tastet sich die Hauswände entlang, kann kaum noch atmen. Erst vor dem Geschäft für Künstlerbedarf lasse ich ihn sterben. Die roten Streifen erreichen sein Herz und erwürgen es. Der Trafikant liegt vor dem Eingang des Künstlerbedarfgeschäftes, und keiner kann rein oder raus. Ich lasse ihn einfach da liegen.

Der dicke Buchhändler begrüßt mich freundlich. Er tut das, seit ich vor einigen Wochen den letzten Roman von dieser Karin Fossum gekauft habe, weil er behauptet hat, sie sei die beste Kriminalschriftstellerin der Welt und außerdem könne man nicht nur Agatha Christie lesen. «Die nächste Fossum?», fragt der Buchhändler. «Nein», sage ich, «heute nicht. Was ist das beste Englisch-Wörterbuch, das es gibt?» Er überlegt nur kurz. «Der Pons», sagt er dann, «gar keine Frage, der große Pons.»

‹Großwörterbuch für Experten und Universität› – so heißt

es. Das Buch ist grün und zirka hundert Kilo schwer. Der Buchhändler bringt mir zum Vergleich noch zwei verschiedene Wörterbücher von Langenscheidt, doch die Sache ist klar. ‹To sleepwalk, to walk in one's sleep, to somnambulate› steht da, ‹to vomit, to be sick› und: ‹pregnant, to be pregnant›. Ich bezahle mit Bankomatkarte. «Ich habe in deinem Alter vielleicht zwanzig Schilling Taschengeld pro Woche bekommen», sagt der Buchhändler und lacht. Er steckt mir zwei Tragetaschen ineinander, zur Sicherheit, damit die Henkel nicht durchreißen.

Im dm in der Rotenturmstraße treffe ich wie gestern auf die Verkäuferin mit dem asymmetrischen Gesicht. Sie steht auf einer niedrigen Alu-Leiter und ist dabei, Windeln einzuschlichten. Sie kann sich an mich erinnern, und ich bedanke mich für den Hinweis auf die Farbenhandlung in der Hollandstraße. «Heute wieder so etwas Ausgefallenes wie Holzkitt?», fragt sie. «Nein, nur Katzenfutter», sage ich. Ich nehme Kalb, Kaninchen, Geflügel in Sauce und Edelfische, jeweils zwei Dosen, außerdem eine graue Fellmaus und eine Packung Hundeflocken. Ratajczyk kriegt regelmäßig aufgeweichte Hundeflocken ins Essen gemischt. Der Tierarzt behauptet, dadurch sinke die Gefahr von Nierensteinen. Es ist eine lästige Herumpatzerei, aber wer will schon, dass seine Katze Nierensteine bekommt.

Vor dem Regal mit den Insektenvertilgungsmitteln blicke ich mich um. Es ist blöd, aber ich will nicht, dass mich hier jemand sieht. Eine Dose Universalspray von TUS, einen Spray gegen kriechendes Ungeziefer von Vandal und eine Dose Ameisenspray von Biowelt. Die Inhaltsstoffe von Vandal und TUS klingen vertrauenerweckend giftig, Pyroxibenzol, Pyretrum und so fort. In dem Biowelt-Spray sind nur

Kokosöle, Chrysanthemenextrakt und andere natürliche Sachen enthalten, aber man weiß ja nie, was wirkt.
Die Verkäuferin ist erstaunt. «Wozu brauchst du mitten im Winter das ganze Zeug?», fragt sie. «Es sieht so aus, als hätten die Katzen etwas eingeschleppt», gebe ich zur Antwort. «Sperr die Katzen weg, bevor du herumsprühst!», sagt die Verkäuferin. Ihr rechtes Auge rollt mir besorgt entgegen. Es interessiert mich nicht, ob sie auch Katzen hat. Ich weiß jetzt allerdings, dass ich sie gegebenenfalls auf die vorspringende Hälfte ihres Gesichtes schlagen würde.
Mit dem Wörterbuch und den Sachen aus dem dm schleppe ich mich dermaßen ab, dass ich die Pizza-Schnitte nur im Stehen essen kann. Heute ‹Quattro Stagioni›. Ab und zu habe ich einen Gusto auf diesen bitteren Artischockengeschmack. Susanne behauptet zwar, man erwische ständig Stücke, die zu hart oder zu fasrig, jedenfalls ungenießbar seien, aber das ist natürlich Quatsch. Ich lehne neben dem Eingang der Mini-Pizzeria, sicher fünf Meter entfernt von diesem Bankomaten. Trotzdem scheine ich einem tonnenförmigen Typen in Lammfelljacke im Weg zu sein. Er will Geld abheben. Die Zeiten, da man mich durch Blicke vertreiben konnte, sind längst vorbei. «Enemy soldier», sage ich halblaut vor mich hin. Der Mann stürzt auf mich zu. «Was hast du gesagt?» Ich beiße von meiner Pizza ab. «Enemy soldier», sage ich kauend, «Unit 13, Englisch-Vokabeln.»
Der Himmel ist bedeckt. Der Wind ist nach wie vor böig. Mir ist warm von innen.
Zu Hause kippe ich die Fenster, eins, zwei, drei, vier, fünf, sechs. Ratajczyk liegt schnarchend in meinem dunkelblauen Sitzsack und hebt nicht einmal ein Ohr. Ich räume das Katzenfutter in die Speisekammer und das Insektenvernich-

tungszeug in den Schrank unter der Abwasch. Danach stelle ich mich unter die Dusche. Ich schäume mich mehrmals ein, vom Scheitel bis zur Sohle, buchstäblich. Ich stelle das Wasser so heiß ein, dass ich es gerade noch aushalte. Ich denke an Nini, wie sie da im Physiksaal in den Mittelgang hineinkotzt, und ich frage mich, ob Werner wohl gerne eine Tochter gehabt hätte. Beim Abtrocknen schnuppere ich an mir selber. Ich rieche nach Zitrone. Das ist nett. Meine Hinterbacken sind flammend rot, so als wäre ich auf einem Ofen gesessen. Das ist eigentlich auch nett. Ich stopfe meine Kleider in die Waschmaschine und schlüpfe in eine schwarze Gymnastikhose und einen moosgrünen Nicki-Sweater.
Ich lasse mich im Schneidersitz neben dem Sitzsack auf den Teppich plumpsen. Ich schlage auf meinen Knien den Pons auf. Ratajczyk erwacht. Er beißt mich in den Ellbogen. «Kater heißt ‹tomcat›», sage ich zu ihm, «gefällt dir das?» Er macht einen Buckel und steigt gemächlich von seinem Lager mitten auf das Wörterbuch. «Tomcat!», brülle ich ihn an. Er rammt mir begeistert den Schädel gegen das Kinn. Ich nehme ihn um die Mitte, quetsche ihn so, dass er pfeifend Luft ausstößt, und setze ihn auf den Boden. «Interessierst du dich für Schnecken, Ratajczyk?», frage ich. Er gibt keinen Ton von sich. Schnecke heißt ‹snail›, und Schneckenhaus heißt ‹snail-shell›. Jetzt weiß ich es.
Später gehe ich zu Annette hinunter. Sie sitzt im Rollstuhl und starrt in den Fernseher. TRT läuft, der türkische Sender. Ein ziemlich hysterischer Ehestreit ist zu sehen. Eigentlich ist es egal, ob man die Sprache versteht oder nicht. Die Fernbedienung ist abgestürzt und liegt eineinhalb Meter weit weg unter dem Couchtisch. Annette gibt jammernde Laute von sich. Sie freut sich, als sie mich sieht. Ich schalte um auf

Pro Sieben. Dort läuft eine Sendung über das Uhrmacherhandwerk. Ich lege die Fernbedienung auf Annettes linken Oberschenkel. Sie greift sofort nach ihr und hält sie fest. Annette trägt einen unmöglichen orangefarbenen Trainingsanzug von Palmers. Die Chalupski hat ihn ihr gemeinsam mit einem hellgelben Trainingsanzug und sieben Flanellnachthemden im Ausverkauf gekauft. Sieben Flanellnachthemden, eins für jeden Wochentag.
«Stört es Sie, wenn ich ein wenig lüfte?», frage ich. Annette versucht den Kopf zu schütteln. Ich öffne eines der beiden Fenster. Annette hat noch diese alten Doppelflügelfenster mit dem Drehriegel, die man nicht kippen kann. Ich glaube, Annettes Wohnung ist die einzige im Haus, in der die Fenster noch nicht getauscht wurden. Ich setze mich in den braunen Fauteuil und schlage den Pons auf. «Ich habe mir ein neues Buch gekauft», sage ich, «es ist besser als ein Geschichtenbuch. Der Buchhändler hat gesagt, es ist das beste überhaupt.» Annette hört mir zu. Sie ist zumindest halbwegs anständig frisiert. «Wollen Sie wissen, was Rollstuhl auf Englisch heißt?», frage ich. Annette blickt mich interessiert an. Rollstuhl heißt ‹wheelchair›, das weiß ich jetzt, ‹wheel› heißt Rad und Essen auf Rädern heißt ‹meals on wheels›. Im Zimmer fehlt irgendwas. Ich komme nicht drauf, was es ist. Nachthemd heißt ‹nightshirt› oder ‹nightdress›, Flanell heißt ‹flannel›, einfach Doppel-N statt Doppel-L, das ist enttäuschend. Annette scheint zu frieren. Ich warte noch ein wenig. Ich möchte, dass das letzte Molekül Chalupski-Anwesenheit aus dem Raum verschwunden ist. Die Chalupski ist täglich zwischen acht und halb zwölf da. Sie macht Annette das Frühstück, das Mittagessen, die Wäsche und so fort. Zwischendurch erledigt sie diverse Besorgungen. Das heißt, sie

verseucht wenigstens nicht permanent die Wohnung. Die Chalupski kauft für sich selbst im Billig-Shop ein. Heimhilfe heißt ‹home help›. Das ist auch enttäuschend.

Ich schließe das Fenster. Annette hat wenig Fleisch auf den Knochen. So wenig, dass die mobile Schwester sie eigentlich ohne Mühe allein aus dem Bett in den Rollstuhl und wieder retour verfrachten könnte. Sie hat trotzdem immer einen Helfer dabei, sowohl morgens als auch abends. Krankenschwester heißt ‹nurse›. Das klingt irgendwie nett.

Ich weiß jetzt, was fehlt. Der Kanarienvogel piepst nicht mehr. Wahrscheinlich sind ihm einfach die Batterien ausgegangen. Auch so eine Chalupski-Idee: ein batteriebetriebener Kanarienvogel, bei dem man auf einer Zeitschaltuhr einstellen kann, ob er ununterbrochen, jede Minute oder alle fünf Minuten piepsen soll.

Zum Nachtmahl gibt es Kalbsgulasch mit Hörnchen. Es schmeckt ganz gut. Füttern muss ich von links, denn Annette registriert nichts von dem, was an ihrer rechten Körperhälfte passiert. Mit der Zeit gewöhnt man sich dran.

«Ein Postamtsleiter stirbt an einem Herzinfarkt oder einem Unterzuckerungsanfall», sage ich, bevor ich gehe, «das war die Frage von gestern. Ein Trafikant stirbt an einer Blutvergiftung.» Annette macht große Augen.

Am Schluss nehme ich mir aus der Nähkassette, die im Kabinett oben auf dem Kleiderschrank steht, die Scheckkarte. Ich muss ausprobieren, ob der Bankomat-Code tatsächlich 3617 ist.

Die Hausübung. Die Aktion mit den Insektensprays. Dann meine Musik. ‹The Furies› heißt die Furien. ‹Revenge› heißt Rache. ‹Snail shell› heißt Schneckenhaus. Das ist auch wichtig. Revenge. Once upon a time an enemy soldier.

drei

Es war wärmer geworden. Die Inversionslage schien sich über Nacht tatsächlich eingestellt zu haben. Er war überrascht. Er hatte offenbar keine Routine mehr im Umgang mit Wünschen, die in Erfüllung gingen. Unten hockten sie jedenfalls alle im Kältesee.
Er war mit Stirnlampe weggegangen, hatte sie jedoch nach knapp einer halben Stunde abgeschaltet. Der Morgen war ziemlich strahlend herangerollt. Ein Stück unterhalb des Schidepots hatte eine Schneehasenspur seinen Weg gekreuzt. Die Gämsen waren nicht mehr aufgetaucht.
Von umständlichen Konzentrationsritualen hatte er nie viel gehalten. Es gab Leute, die machten es wie die Schirennläufer, standen mit geschlossenen Augen am Einstieg und gingen im Geist die gesamte Route durch, bevor sie starteten. Das konnte bei zehn oder fünfzehn einigermaßen komplizierten Seillängen eine halbe Ewigkeit dauern. Bis zum Trichter waren es üblicherweise neun bis zwölf, je nachdem, wie man es anlegte.
Der Einstiegsriss machte einen zur Gänze eisfreien Eindruck. Das beruhigte ihn. In der wärmeren Jahreszeit kamen hier oft Sturzbäche herunter, vor allem im Frühjahr. Mit den Händen griff er in den Riss hinein, die Füße setzte er auf die

kleinen Tritte links und rechts von ihm. Nach etwa zehn Metern legte er einen mittelgroßen Friend, eher probehalber, hängte einen Karabiner ein, ließ ihn über das Seil schnappen. Er kletterte weiter bis zum ersten Bohrhaken, prüfte ihn kurz, hängte ein, kletterte wieder ab, holte den Friend.

«Wenn du alleine kletterst, musst du dich entscheiden, ob es eher eine mathematische oder eine musikalische Angelegenheit sein soll», hatte Robert Fauler einmal gesagt. «Der Tod war immer schon eine Sache der Musik und nicht der Mathematik.» – Das war ihm als Antwort erst eingefallen, als es zu spät war. Robert Fauler hatte eine Zeit lang halbprofessionell gesungen, unter anderem die Basspartien in den beiden Haydn-Oratorien. In seiner Wohnung hatte er eine Zeile aus ‹Fidelio› an die Wand gemalt gehabt, mit Noten und allem Drum und Dran: ‹Euch werde Lohn in bessern Welten.› Irgendwann war etwas passiert, und Fauler hatte das Singen aufgegeben. Er selbst hatte es nie verstanden.

Am Standplatz beim dritten und vierten Bohrhaken seilte er den Packsack zum ersten Mal auf. Er hatte versucht, das Material so zu verteilen, dass er nur das wirklich Notwendigste im Rucksack transportierte – das Gewehr zum Beispiel. Er hatte Lauf und Zielfernrohr abmontiert, die Einzelteile in die Daunenjacke gehüllt und im Rucksackinneren verstaut. Das Gebaumel außen dran wäre sowohl für ihn als auch für das Gewehr zu riskant gewesen. Er versuchte beim Hochziehen des Sackes möglichst runde Bewegungen zu machen, um die Gelenke nicht abrupt zu beanspruchen. Der Packsack hing am gelben Seil, er selbst am blau-grün gesprenkelten. Er verwendete zwei großlumige Karabiner mit Umlenkrollen aus Kunststoff, von denen er wusste, dass sie bei jeder Witterung gut liefen. Außerdem trug er die fingerlosen

Handschuhe, um sich die Handflächen nicht zu verbrennen. Er stellte den Packsack auf einem winzigen Schuttplätzchen ab, schlang ein Stück dünne Reepschnur um ihn und knüpfte sie in einem Haken fest, um den Sack vor dem Kippen zu bewahren. Es würde einige Gelegenheiten geben, ihn auf dem Fels oder in Schlingen so abzustellen, dass er von oben abgezogen werden konnte, und es würde Passagen geben, die er zweimal würde klettern müssen: Packsack einhängen, rauf, gelbes Seil fixieren, abseilen, Packsack lösen, noch einmal rauf, Packsack hochziehen. Das einzig Tröstliche an der Variante B war, dass er die zweite Runde jeweils ohne Rucksack würde absolvieren können.

Der kraftraubendste Abschnitt kam schon in der dritten Seillänge. Das war, sofern man einigermaßen in Schuss und damit regenerationsfähig war, von Vorteil. Außerdem würde es die Verfolger aufhalten. Es war jene Passage, die ‹der Dom› genannt wurde, ein gut fünf Meter überhängender Kamin, der unter ein enormes, graugelbes Felsgewölbe führte. ‹Frei hängend über den völlig glatten Wulst so weit hinweg, dass man die ersten zwei ganz kleinen Griffchen mit den Fingerspitzen gerade erreicht, wenn man sich, nahe der absoluten Sturzgrenze, im Seilzug nach links legt.› –Wegen dieser Stelle im Bericht von Sikorowsky und Schinko und wegen jener, die den Holzklötzchenquergang beschrieb, war er vor gut zwanzig Jahren zum ersten Mal hier gewesen. Sie waren in zwei Seilschaften geklettert, er mit Gerhard Weiss in der einen, die Prokesch-Brüder in der anderen. Die Schlüsselstellen waren bereits damals gut ausgenagelt gewesen, sie selbst hatten wochenlang nichts anderes gemacht gehabt als einarmige Klimmzüge, und als sie bereits am frühen Nachmittag oben aus dem Trichter in Richtung Rosskuppenkante querten, war ihnen aufgegangen, dass es mit einem Biwak wohl nichts werden würde. Auf dem Gipfel der Rosskuppe hatte dann Harald Prokesch seinen Helm abgenommen und in weitem Bogen über die Wand hinausgeworfen. «Aus», hatte er gesagt, «das war's.» Später war er Teilchenphysiker geworden.

Im Emporstemmen versuchte er in sein Knie hineinzuhorchen. Es tat sich nichts. Der Fels war rau und trocken. Lediglich die Haken im Gewölbe, in die er die Trittleitern hängte, fühlten sich abweisend kalt an. Er verspürte keinerlei Ehrgeiz in Richtung Rotpunktkletterei. Dafür war er zu alt und die Lage zu besonders. Das Überwinden des Wulstes war auch mit technischen Hilfsmitteln Herausforderung genug. Er hängte sich mit Zeige-, Mittel- und Ringfinger der rechten Hand an jene Felsschuppe, die die Erstbegeher offenbar nicht erreicht hatten, schwang das linke Bein nach oben, traf punktgenau einen alten Ringhaken, benützte ihn als Tritt und war drüber. Vermutlich war weder Schinko noch Sikorowsky annähernd so groß gewesen wie er.

Frey fiel ihm ein mitsamt seinem Bauch und mitsamt jenen Fotos, die er vom Surfen auf Mykonos zuletzt hergezeigt hatte. In Wahrheit war es ihm einzig um den Busen seiner damaligen Freundin gegangen, einer angeblichen Studentin der Handelswissenschaften. Dass er selbst auch als Surfer keine gute Figur machte, war auf den Fotos mühelos zu erkennen gewesen. Weshalb ein dermaßen unsportlicher Mensch wie Frey Turnlehrer hatte werden müssen, würde ein Rätsel bleiben. Letztlich hatte man auch dem Busen der Frau Studentin in erster Linie mit Höflichkeit begegnen müssen, aber das hatte man Frey nicht gesagt. Am nettesten hatten noch die Wellen und der Strand aus bunten Kieseln ausgesehen. Dinhauser fuhr wenigstens regelmäßig mit dem Rad, und Prechtl nahm an Seniorenturnieren im Judo teil. Für die Berge hatten sie genauso wenig übrig wie Frey.

Die folgenden fünfzig Meter liebte er besonders. Man kletterte die glatte, stumpfwinkelige Verschneidung ideal senkrecht empor. Er benützte einerseits winzige Haltepunkte an der Wand, andererseits den Verschneidungsriss selbst. Er verkeilte manchmal die flache Hand, manchmal die Faust in ihm. Mittendrin machte er kurz Halt, um zu verschnaufen. Wenn er sich ein wenig hinauslehnte und zwischen seinen Beinen nach unten schaute, konnte er das Kar überblicken. Der Felsblock neben der Hütte war zu erkennen, auch ein kleiner Abschnitt des Hüttendaches. Der Wandfuß, jene Stelle, an der er vor wenigen Stunden die Schitourenschuhe und die Teleskopstöcke im Schnee vergraben hatte, war durch den Überhang verdeckt.

Er zog den Packsack hoch. Seine Eltern hatten keine Ahnung gehabt. Er hatte nie fotografiert, nie Freunde mit nach Hause gebracht und, wenn es notwendig war, Geschichten von Wanderungen oder von Kletterkursen unter der Leitung erfahrener Bergführer erzählt. Sein Vater war damals gerade Abteilungsleiter geworden und daher noch mehr auf seine Arbeit konzentriert gewesen als sonst. Seine Mutter hatte sich für die Freizeitaktivitäten ihres Sohnes sowieso nie interessiert. ‹Mutter, heute sind wir durch die Todesverschneidung geklettert.› – Vielleicht wäre sie dadurch zu beeindrucken gewesen, vermutlich jedoch genauso durch die Tatsache, dass Harald Prokesch seinen Helm die Wand hinabgeworfen hatte. ‹Ja, um Gottes willen, wie viel kostet denn so ein Helm?› Kurze Zeit später hatte sie sich mit einem reichen Getränkeabfüller aus Saarbrücken aus dem Staub gemacht. Sie war ihm danach kein einziges Mal abgegangen. Dafür fühlte er sich ab und zu schuldig.

In der Schleife, die über links auf den nächsten Absatz führte, war der Fels nicht so zuverlässig wie überall sonst. Er prüfte jeden Griff und zog zwei Bohrhaken mit dem Handschlüssel nach. Die Zähne taten ihm weh. Das kam von der kalten Luft und hing nicht mit dem Desaster von unlängst zusammen. Die Sturmhaube aus Seide, die er unter dem Helm trug, richtete dagegen nichts aus. Immerhin blieben die Ohren und Wangen warm. Direkte Sonnenbestrahlung hatte er erst in der letzten Seillänge vor dem Trichter zu erwarten. In den Karstrillen einer schrägen Platte fand er erstmals einige Streifen blanken Wassereises. Er schlug einen davon mit dem Hammer heraus, einfach so.

Der Hollerbusch. Obwohl er ihm inzwischen absolut vertraut war, staunte er jedes Mal, wenn er sich über den Rand der Kanzel nach oben zog und ihn vor sich sah. Vor mehr als sechzig Jahren hatten ihn die Erstbegeher beschrieben, und wahrscheinlich hatte er auch davor, ohne den Kontakt zu Menschen, ganz gut existieren können. Der Hollerbusch war für die Verschneidung so was wie das Schwalbennest für die Eiger-Nordwand, nur warf das Schwalbennest im Herbst keine Blätter ab. Er baute sich erst eine ordentliche Standsicherung, dann schlüpfte er in die Handschuhe und räumte genügend Schnee zur Seite, um sitzen zu können. Es war ihm immer schon unbehaglich gewesen, die Beine ins Nichts baumeln zu lassen, daher saß er mit angezogenen Knien. Er aß einen Marsriegel, danach einen zweiten. Das Karamellzeug, das an seinen Zähnen hängen blieb, spülte er mit Tee aus der Thermosflasche fort. Der Hollerbusch sah jetzt im Winter aus wie ein ramponierter Reisigbesen. Einige seiner Zweige schienen frisch geknickt zu sein. Das war komisch.

Wenn er sich nach links wandte, hatte er die gesamte Dachlwand im Blick, die Ödsteinkante und, weiter im Hintergrund, den Admonter Reichenstein. Über dem Ödstein stand eine Schneefahne. In der Wand war es windstill. Er schätzte die Temperatur auf etwa fünf Grad minus. Er stellte sich vor, Frey und die Rothenberg hier beim Hollerbusch nebeneinander an den Fels zu ketten. Frey würde irgendwann delirierend beginnen, seine Frauengeschichten zu erzählen, und die Rothenberg würde zu ihren Abgründen noch einige hinzufügen können. Letztlich würde sich Frey selbst den Schädel zerschmettern. Die Rothenberg würde erfrieren oder verhungern. Vielleicht würde ihr auch ein Adler die Leber aus dem Leib fressen. Mit diesen Prometheus- oder Theseus-Geschichten hatte er sich allerdings nie wirklich ausgekannt.

Er schätzte, dass sie längst bei Elvira gewesen waren, um sich nach ihm zu erkundigen. Elvira hatte vermutlich zuerst gesagt: «Auf dem Schießstand», und dann war ihr eingefallen, dass er bereits vor ihrer Trennung kaum mehr dorthin gegangen war. Daraufhin hatte sie mit Sicherheit gesagt: «In die Berge», und die ganze Sache war ins Laufen gekommen. Er fragte sich, ob sein Verschwinden Elvira irritierte oder ob sie Derartiges erwartet hatte. Möglicherweise war es ihr auch einfach egal. Max hatte Nauschs Zigarettenfinger gesehen und diesen Menschen auf der Stelle gehasst. Dabei hatte er noch keine Ahnung von Lehrern.

Er hatte sich vorgestellt gehabt, Max einmal in die Schule mitzunehmen. Er hätte ihn mit Kreide an der Tafel zeichnen lassen und ihm den Turnsaal gezeigt und die ausgestopften

Tiere in der Biologiesammlung. Er hätte ihn auf seinen Platz im Konferenzzimmer gesetzt. Am Schluss hätte er ihm vom Getränkeautomaten ein Sprite geholt oder ein Fanta.

Der stärkste der abgebrochenen Zweige hatte etwa den Durchmesser seines Daumens. Noch nie hatte jemand den Hollerbusch angetastet.

Er holte aus dem Rucksack den ledergepolsterten Flachmann hervor und nahm einen Schluck. Mitten in einer senkrechten Wand irischen Whiskey zu trinken, zweihundert Meter über der nächsten Gelegenheit zu einem halbwegs normalen Schritt, war mittelmäßig verrückt. Er stand auf, spürte den kleinen Glutball im Magen zerfließen und begann vorsichtig, alle Gelenke durchzubewegen. Es gab nichts Blöderes, als in einer schwierigen Stelle zu hängen und plötzlich mit blockierenden Gliedmaßen konfrontiert zu sein.

Die Bohrhaken im Quergang gehörten unter Garantie zu den zuverlässigsten in den gesamten nördlichen Kalkalpen. Zuletzt war er im vergangenen September mit Bernhard Weiser, einem jungen Kinderarzt aus Laab am Walde, hier gewesen. Sie hatten in Summe drei Akkus und fünf Bohrer verbraucht. Der letzte Bohrer war ihnen knapp unterhalb des Ausstieges verglüht. Er selbst war schlecht gestanden und hatte die Maschine zu stark nach unten gedrückt.

Aus historischer Sentimentalität hatte er damals einige eigens zugerichtete Holzklötze in den Riss geklopft. Bernhard hatte gegrinst, aber nichts dagegen gesagt.

Er kletterte nur kurze Abschnitte der Quergangsseillänge frei, hauptsächlich wegen der kraftraubenden Pendelmanöver mit dem Packsack. Die Sache bestand daher im Wesentlichen aus dem Umhängen von Trittschlingen und Steiglei-

tern. Er wurde Schinko und Sikorowsky nicht annähernd gerecht, aber darum ging es im Moment nicht. Die Holzklötze waren wenigstens noch da, im Riss festgefroren und in ihrer Nutzlosigkeit ausschließlich dekorativ. Er hatte sechs flache Quader aus drei verschiedenen Holzarten zugeschnitten gehabt, Birke, Buche und Akazie, je zwei Stück. Es war tatsächlich ziemlich bescheuert gewesen.
Er schob sich eine abdrängende graue Verschneidung mit zahlreichen gelben Einsprengseln hoch. Es waren jene zwanzig Meter, in denen er sich einem Sturz stets am nächsten fühlte, auch wenn sie schwierigkeitsmäßig glatt sechs zählten, nicht weniger, aber auch nicht mehr. Hier steckten noch einige alte Haken, die meisten von ihnen rostig, manche verbogen. Er benützte sie alle ungeniert als Haltepunkte. Seine Unterschenkel zitterten trotzdem. Vielleicht war es auch nur die Kälte.
Er erinnerte sich an seinen letzten Sturz, an der Guglia di Brenta, in einer an sich völlig harmlosen Route. Es war vor dreieinhalb Jahren passiert. Sie hatten Max erstmals für mehrere Tage der Großmutter anvertraut. Elvira war eine blühende, gut gelaunte, sommersprossige Erscheinung gewesen, und er hatte sie möglichst oft vorankletten lassen, um ihren unfasslichen Marion-Jones-Hintern im Blickfeld zu haben. «Ihre Mausezähne habe ich aber nicht», hatte sie lediglich gesagt und gelacht. Er hätte auch gegen die Mausezähne der Marion Jones nichts einzuwenden gehabt, aber das sagte er nicht. Jedenfalls war sie dagestanden, breitbeinig auf einem dieser sensationell waagrechten Brenta-Bänder, und hatte ihn zu sich emporgesichert. Er war vielleicht noch fünf Meter unterhalb gewesen, als er ihr ankündigte, sie in die Wade zu beißen. Sie hatte gesagt, wenn er das tue,

werde sie ihm die Finger zertreten. Daraufhin hatte er den Turbo gezündet und in wenigen Sätzen das Band erreicht. Er hatte zum Klimmzug angesetzt, sie hatte das rechte Bein gehoben, als die Vorderkante des Bandes wegbrach. Der Felsbrocken sauste an seinem Ohr vorbei, und er selbst kippte rücklings in die Tiefe. Elvira hatte im Zuge ihres Geplänkels das Seil nicht nachgezogen. Seine linke Schulter war hernach ziemlich lädiert, sein Steinschlaghelm hatte links hinten einen zehn Zentimeter langen Sprung, sein Kopf tat ihm weh und sein rechter kleiner Finger war im Grundgelenk völlig ausgerenkt. Alles war logisch, lediglich die Sache mit dem Finger verstand er nicht ganz. Möglicherweise war er im Auspendeln irgendwo hängen geblieben. Jedenfalls saßen sie schließlich oben auf der Spitze, leckten gemeinsam seine Wunden und taten nicht, was sie ursprünglich vorgehabt hatten.

Er erreichte den Absatz, nach dem er sich während der letzten Minuten zunehmend gesehnt hatte. Das Sims bot gerade genug Platz, um die Füße nebeneinander hinzustellen. Er sicherte sich an einem mächtigen Ringhaken mit Rostanflug. Der Haken sah aus, als sei derjenige, der ihn dort vor Jahren in den Fels gedonnert hatte, ebenfalls ziemlich froh über den Standplatz gewesen. Er hängte den Rucksack mit einer Expressschlinge dazu, holte die Thermosflasche hervor und trank. Er wippte ein wenig auf den Fußspitzen, zur Probe. Seine linke Wade fühlte sich an, als sei er einem Krampf nur knapp entgangen. Das Knie? Nichts. Er leerte zwei Finger hoch Tee in die Deckelkappe der Thermosflasche und warf eine Magnosolv-Brausetablette hinein. Er wusste, dass das Zeug abscheulich schmeckte, und er wusste genauso, dass es zuverlässig wirkte. Er versuchte sich in eine möglichst neutrale Position zu bringen. Keiner seiner Muskeln sollte nennenswert angespannt sein. Er lehnte sich mit dem linken Oberarm vorsichtig an den Fels. Er sah der Tablette zu, wie sie gelblich aufschäumte. In diesem Moment drang von rechts ein schmaler Schatten in sein Gesichtsfeld, vollkommen lautlos, verharrte und verschwand wieder. Er glaubte erst, sich getäuscht zu haben, und kippte den Magnesiumtrank in sich hinein. Dann war dieses sichelförmige Etwas erneut da, beschrieb einen Bogen schräg abwärts und tauchte unter ihm weg. Er lauschte. Nichts. Er dachte an die Fledermäuse, die im Sommer knapp vor Einbruch der völligen Finsternis im Hof seines Hauses ihre Kreise zogen. Widmann hatte ihm vor Jahren einmal einen Vortrag gehalten über Langohren und Hufeisennasen und dergleichen. Damals hatten sie noch ab und zu miteinander geredet.

Er trank Tee, um den Brausegeschmack wegzukriegen. Danach lutschte er mehrere Eukalyptusgummis hintereinander. Er hatte die Dinger ursprünglich gegen Mundgeruch gekauft und war prompt süchtig geworden. Die Gummis waren an ihrer Oberfläche mit feinem Kristallzucker bestreut. Sie erinnerten ihn an diese bunten Geleefrüchte von früher. Er hatte sie nie gemocht.

Seine Handflächen brannten. An der Innenseite des rechten Mittelfingers klaffte ein kleiner Schnitt. Er hatte offenbar nur minimal geblutet. Das kam vom Kalkfels und vom Frost. Er trug immer noch den Ehering. Eigentlich absurd. Max hatte im letzten Jahr zu Ostern nichts als Schokoladehühner haben wollen. Keine Hasen, keine Geleefrüchte, keinen Pokémon-Fahrradhelm. Er hatte ihm den Fahrradhelm trotzdem geschenkt und Tonnen von Schokoladehühnern. Für Elvira hatte er eine dieser Crossover-CDs gekauft, die ihm in

Wahrheit alle höchst suspekt waren. ‹Anne Sofie von Otter meets Elvis Costello›. Eine wunderschöne große Frau mit blonder Kurzhaarfrisur neben einem dunklen Intellektuellentypen mit Hut und weit auseinander stehenden Zähnen. Schwarz gerahmte Brille sowieso. Sie hatte ihm die CD zurückgeschickt: ‹Für unsere gegenwärtige Beziehung passt diese Art von Musik nicht›, hatte sie auf einen zitronengelben Spickzettel geschrieben. Er war sicher, dass sie sich die CD zumindest einmal angehört hatte. Er stellte sich zum hundertsten Mal vor, wie sie einige Tage danach in den Plattenladen ging und sie sich selbst kaufte: ‹Ich weiß die Namen nicht. Eine schöne Frau trifft einen Intellektuellentypen.› Und er stellte sich einen jungen Verkäufer vor, der keine Ahnung davon hatte, dass die Otter eine Opernsängerin war, und keine Ahnung von Elviras Sommersprossen allüberall.

Nach einer kurzen Schleife nach rechts folgte ein eigenartig rot-schwarz gebänderter Wulst. An seiner schwächsten Stelle ragte er immer noch gut zwei Meter vor. Mit den Steigleitern war die Sache letztlich kein Problem. Sonst war er diese Passage konsequent frei geklettert. Insgesamt konnte er allerdings mit der fanatischen Haltung gewisser Leute, unter keinen Umständen ein Stück Eisen in die heiligen Berge zu treiben, nichts anfangen. ‹Deflorationsphobie›, hatte Robert Fauler immer wieder gesagt, ‹die Angst des Kletterers vor der blutigen Realität der Penetration›, und jene verbissenen Rotpunktjünger hatte er ‹Streichle› genannt oder ‹prägenitale Frotteure›. Dann hatten sie sich Arno Schmidts Deutungen der Landschaften bei Karl May hingegeben und den Spekulationen darüber, wie er sich wohl dem Bergsteigen genähert hätte. Tagelang waren sie an Sätzen hängen geblieben wie: ‹Er legte behutsam einen Klemmkeil der Größe drei in die Spalte.› Oder: ‹Die Höhlung ist gerade so weit, dass die Kuppen von Zeige- und Mittelfinger bequem hineinpassen.› Es hatte stets dazu geführt, dass Fauler tief in sein Lieblingsprojekt eingetaucht war, nach ‹Die Welt als Wille und Vorstellung› und ‹Die Geburt der Tragödie aus dem Geiste der Musik› selbst ein Welterklärungswerk zu verfassen. In Wahrheit war Fauler nie über Bemühungen, einen Titel zu finden, hinausgekommen. Zuletzt hatte er ‹Körper, Klettern, Kopulieren› gelautet, und Fauler hatte allen Versuchen, ihm diesen Alliterationsquatsch auszureden, widerstanden. Robert Fauler war geklettert wie ein Gott, hatte kaum jemals kopuliert und war am Schluss in einer Art und Weise aus seinem Körper abgehauen, die niemanden wirklich überrascht hatte.

Wenige Meter oberhalb des Wulstes tauchte er in die Sonne. Der Fels war sofort deutlich wärmer. Auch sein dunkelgrauer Fleecepullover heizte sich in kurzer Zeit angenehm auf. Er baute sich einen Stand in einer winzigen Nische und hielt den Bauch in die Sonne. Es war ihm allerdings klar, dass es mit ihr nach längstens eineinhalb Stunden vorbei sein würde.

Drüben am Dachl strahlte das schneebedeckte untere Ringband im Licht. Sollten sie aus dieser Richtung kommen, würde er sie ins Fadenkreuz nehmen, einen nach dem anderen. Abgesehen von einem einzigen größeren Block gab es dort keine nennenswerte Deckung. Sie würden jede Menge professionelle Unterstützung haben, Bergführer, Scharfschützen und so fort, und trotzdem würden sie sich fürchten – zu Recht.

Der folgende Faustriss war teilweise mit porösem Eis gefüllt.

Er ließ sich Zeit und klopfte es mit der Haue des Felshammers großzügig heraus, bevor er mit den Händen Halt suchte. Die Tritte fand er spreizend außerhalb des Risses. Steigeisen waren hier kein Thema. Er dachte daran, wie sie in jenem gewundenen Eisschlauch an der Cima Tosa an einem Felsvorsprung einen roten Rucksack samt kompletter Schlosserei gefunden hatten, und er dachte an den Tag im Jahr davor, an dem Lucki Schmieding im Firntrapez an der Rötspitze abgerutscht und Gerhard Weiss mit den Steigeisen auf den Kopf gestiegen war. Sie waren damals weitergegangen, Gerhard mit einer elastischen Binde um den Kopf. Ihm war erst spät am Abend übel geworden, und er hatte seinen funkelnagelneuen Daunenschlafsack kombiniert versaut, mit Blut und mit Kotze. Am nächsten Morgen hatten sie den Hubschrauber gerufen und sich alle nicht so besonders gefühlt. Den roten Rucksack aus dem Folgejahr hatten sie im Rifugio Carducci abgegeben. Beim Wirt war bis dahin keine Verlustmeldung eingelangt gewesen.

In der letzten Seillänge vor dem Trichter schlug er zwei Haken und ließ einen seiner älteren Karabiner plus eine komplette Expressschlinge zurück. Kein unnötiges Risiko an diesem Punkt.

Beim Emporhieven des Sackes zum Portal des gut fünfzig Meter aufragenden Plattenschachtes merkte er, dass er müde war. Außerdem schien er seine linke Achillessehne überdehnt zu haben. Das blau-grüne Seil klemmte im Nachziehen. Er bekam es schließlich frei, indem er mit Schwung eine Welle nach der anderen nach unten laufen ließ. Er schoss das Seil über dem linken Unterarm auf, Schlinge für Schlinge. Mitsamt seinem ganzen Zeug plagte er sich über die Schneewechte hinweg, die der Wind im Trichtereingang angehäuft hatte. Er stieg hinauf in den Hintergrund des Schachtes und achtete unwillkürlich darauf, aus dem losen Geröll, das den Boden bedeckte, keine Steine loszutreten. Das war natürlich vollkommen unsinnig, denn mit Sicherheit befand sich noch keiner hinter ihm, den er hätte gefährden können. Er bewegte sich die rechte Wand des Riesenkamins entlang bis an eine flache, vielleicht drei Meter hohe Felsschuppe. An ihrer Hinterkante kletterte er hoch und gelangte auf ein doppelt fußbreites, mäßig ansteigendes Band. Er verfolgte es bis zu einem würfelförmigen Block, an dem es anscheinend endete. Er wuchtete erst sein Gepäck auf den Felsklotz, erstieg ihn dann selbst an seiner linken Begrenzungskante. Jenseits folgte eine sanfte Einsenkung, danach, etwas versteckt, die Nische mit dem Durchschlupf. Das Loch war gerade so weit, dass er halbwegs bequem durchkam, wenn er sich zur Seite drehte und die linke Schulter voransteckte. Er achtete auf das Knie, auch auf seinen Kopf, obwohl er den Helm trug. Er griff hinter sich und holte die Seile, Packsack und Rucksack nach. Erst dann sah er sich um. Auf den ersten Blick war alles wie gehabt. Das vordere Drittel der Höhle leuchtete in einem fast weißen Ocker. Er richtete sich auf. Im größten Teil des Raumes konnte er trotz seiner eins neunundachtzig gut aufrecht stehen. Er ging nach vorn.

Unmittelbar hinter der spaltförmigen Öffnung nach außen befand sich in einer Höhe von etwa einem Meter ein kleiner Felsabsatz. Er war schon mehrmals dort gesessen und hatte in die Wand hinausgeblickt. Jetzt war auf dem Absatz ein Haufen Gestrüpp aufgeschichtet. Es sah aus, als habe jemand ein Lagerfeuer vorbereitet und kein Feuerzeug dabeigehabt. Möglicherweise war derjenige auch gestört worden.

Es gab jedenfalls keine Spuren. Er merkte, wie er unruhig wurde.

Die Sonne berührte knapp unter dem Gipfel den Nordgrat des Ödsteinkarturmes. Er überlegte: zuerst die Halterung für die Hängematte. Danach umziehen. Dann kochen. Er ging nach hinten und fing an, seine Sachen auszupacken. Die Temperatur würde demnächst zu fallen beginnen.

Mittwoch

Es ist jede Menge frische Luft in der Wohnung, so viel, dass ich eine halbe Stunde früher aufgewacht bin als sonst. Ich liege auf dem Rücken und blicke langsam die Plafondbegrenzung entlang. Ich hätte dort gern ein Tier, einen jungen Vogel vielleicht oder eine Maus. Oder einen Siebenschläfer: Ich habe noch nie einen Siebenschläfer gesehen. Ratajczyk hört meine Gedanken und springt auf mich drauf. Er biegt den Rücken durch. Dann stößt er mir die Schnauze gegen den Unterkiefer und grunzt. Ich bin froh, dass er mich nicht putzt. Alexandra erzählt von ihrer Katze, dass sie jeden Morgen ins Bett kommt, um ihr die Nase und die Ohren zu waschen. Ich schätze, Ratajczyk hätte auch gerne Mäuse und junge Vögel und Siebenschläfer an der Plafondbegrenzung.
Draußen wird es hell. Man hört den Wind. Ich versuche mir Schnee dazu vorzustellen. Zugleich weiß ich, dass es nach wie vor nicht kalt genug ist. ‹Tell the apple, what you want to be. Eat it slowly and then wait and see.›
Ich stehe nicht so unbedingt auf Äpfel. Ratajczyk winselt. Ich haue ihm eine aufs Dach. Sobald er merkt, dass ich wach bin, meint er, er kriegt Futter.
Im Bad schalte ich zuerst den Heizlüfter ein. Wenn er anläuft, macht er ein fürchterlich schepperndes Geräusch.

Zähne putzen, duschen, föhnen. Danach stecke ich mir den Haarreifen auf und stelle mich vor den Spiegel. Ich lege mir die Hände unterhalb des Nabels flach auf den Bauch. Die Finger weisen schräg nach unten. Ich und der Haarreifen, ein komischer Anblick. Ich denke an Haut und Knochen und daran, dass ich unlängst die Raab-Schöny auf dem Gang sagen hörte: «Als Mädchen muss man heutzutage froh sein, wenn man keine Essstörung hat.» Die Mayerhofer stand dabei und die neue, blonde Professorin mit dem ungarischen Namen. Sie unterrichtet Mathematik und Philosophie oder eine ähnlich eigenartige Kombination. Als Mädchen muss man ab und zu über ganz andere Dinge froh sein. Aber das habe ich den dreien nicht gesagt.
Neben dem Spiegel hängt der hellgrüne Bademantel mit den weißen Blütenranken. Eigentlich finde ich ihn scheußlich. Zweitens ist der Gürtel schon ziemlich abgeschmuddelt. Ich rieche an dem blaugrauen Nike-T-Shirt, das ich gestern getragen habe. Es stinkt noch nicht.
Ich habe es nicht eilig. Im Radio sagen sie voll Stolz, dass die Werbung mit der Ö3-erzeugenden Zahnspange einen Preis bekommen hat. Ich schlage die Eier mit dem großen Fleischmesser auf. Die Klinge ist so schwer, dass sie richtig schön durch die Schale saust, bis zur Hälfte des Eiumfanges. Das heißt zwar, dass meistens der Dotter zerreißt, aber in diesem Fall macht es nichts. Drei Eier. Ich zerrühre sie mit einer Gabel, gebe drei Esslöffel Milch dazu, rühre noch einmal durch, ziehe die Pfanne vom Herd. Salz, Pfeffer. Drei Stück Toastbrot. Der Kater sitzt neben meinem Sessel und schaut mich an. Er macht Augen wie ein Kind aus der Sahelzone. Obwohl er gerade vorhin gefressen hat. «Tomcat», sage ich zu ihm, «revenge, enemy soldier.» Er dreht die Oh-

ren nach vorne. Eier haben für ihn etwas Unwiderstehliches. Ich bin gnädig.

Hintennach nehme ich mir noch eine kleine Portion Choco-Pops. Wie stirbt ein Reifenhändler? Oder genauer: Wie sterben zwei Reifenhändler? Zwei Brüder, beinahe Zwillinge, Altersunterschied vielleicht ein Jahr. Der eine trägt einen dunkelblonden Oberlippenbart. Ich mache noch einen Durchgang mit den Ungeziefersprays von gestern. Zur Sicherheit. Den Pons packe ich in eine grüne Einkaufstasche aus Stoff mit garantiert abreißsicheren Henkeln. Ich schätze, das Buch ist etwa so schwer wie der Kater.

Manchmal fühlt sich die Morgenluft total eigenartig an. Man weiß nicht, ob sie warm ist oder kalt. Der Wind bläst. Das ist das Einzige, das man weiß.

Knapp vor der Schule treffe ich Katayun Mashrami aus der Parallelklasse. Ihr Vater ist Iraner, ihre Mutter Finnin. Sie ist so hübsch, dass ich immer den Atem anhalten muss, wenn ich sie sehe. Sie trägt einen Norwegerpulli mit Sternen und Hirschen. Ansonsten sieht sie vorwiegend iranisch aus. Sie spricht kaum mit jemandem. Simone meint, sie ist noch arroganter als hübsch. Es scheint Katayun jedenfalls nicht zu stören, dass ich sie nicht anspreche. Es heißt, ihr Vater sei damals vor irgendwelchen Ayatollahs geflohen. Er arbeitet jedenfalls bei einer Firma, die etwas mit Glasfasern zu tun hat und nicht mit Teppichen oder Erdöl. Trotzdem ist er reich.

In der Garderobe stelzt Yvonne auf und ab und führt ein neues goldfarbenes Daunengilet vor. Mir ist kalt in den Zehen. Ich schlüpfe aus den Puma-Sportschuhen. Dass ich sie angezogen habe und nicht die Stiefel, war dämlich, aber gegen Eingebungen soll man sich nicht wehren. «Tolles Gilet», sage ich zu Yvonne. Sie schaut leicht zweifelnd. «Passt im Farbton perfekt zu deinem Push-up.» Darauf hat sie nichts zu sagen. Caroline kichert blöd. Sie braucht mit Sicherheit keinen Push-up. Ich denke an meine beiden Fischotter und mag sie in diesem Augenblick sehr.

Susanne schreibt aus irgendeinem Heft die Mathematik-Hausübung ab. Genau zwei Möglichkeiten: Simones oder Alexandras. Eventuell noch Stefanijas, aber Stefanija sehe ich nirgends. Ich lege die Stofftasche mit dem Pons auf den Tisch. Susanne trägt einen rostbraunen Ripprolli. «Wo ist die beige Bluse?», frage ich. Sie blickt auf und scheint nichts verstanden zu haben. «Was ist das?», fragt sie und deutet auf die Tasche mit dem Pons.

«Ein Wörterbuch.»

«Blödsinn. Das ist so groß wie vier Wörterbücher.»

Ich ziehe den Pons aus der Tasche. Es verschlägt ihr die Sprache. «Wir haben heute kein Englisch», sagt sie schließlich. «Na und?», sage ich. Ich schätze, die beige Bluse ist in der Wäsche.

Ich wollte ein Wort nachschauen, aber mir fällt nicht ein, was es war. Irgendetwas aus meiner Musik.

Christoph und Dominik spielen hinten mit einer Kugel aus Alufolie Fußball. Dominik ist Rivaldo, Christoph ist erst Zinedine Zidane, dann David Beckham, dann David Seaman, dann Batistuta oder wie dieser Argentinier heißt. Dominik gewinnt trotzdem. Christoph haut sich am linken der beiden Kästen hintereinander das Knie und den Kopf an, das ganze innerhalb von zwanzig Sekunden. Er blutet nicht und wird auch nicht bewusstlos. Alles andere ist nicht so wichtig.

Susanne gibt Alexandra das Heft zurück. Hundert Punkte für mich. Sie wirkt zufrieden, aber sie ist so eine, die zufrieden wirkt, wenn sie sich ein Loch in den Nasenflügel bohren lässt, weil zehn andere es tun, oder wenn sie mitkriegt, dass Britney Spears vergangene Woche auch eine beige Bluse getragen hat. Alexandra wird in einem unbeobachteten Moment nachsehen, ob ihr Susanne einen Fettfleck ins Heft gemacht hat. Wenn sie einen findet, wird sie sich nicht beschweren.

Wieland trägt ins Klassenbuch ein. Nini und Stefanija fehlen. Das ist komisch. «Die Ivanescu fehlt doch sonst nie», sagt Wieland. «Sie hat die Teinfalt gestern nach Hause begleitet», sagt Caroline, «und der Teinfalt war den ganzen Vormittag schlecht.» «Vielleicht was Ansteckendes», sagt Gert.

«Woran denken Sie, Herr Kanovski?»

Gert zuckt nur mit den Schultern. Er wirkt ein wenig so, als habe ihm die Großmutter das Taschengeld gekürzt. Außerdem trägt er das blaue T-Shirt mit dem ‹Shit happens›-Aufdruck. Das hat immer einen Zusammenhang mit der Wirklichkeit.

Weibl fehlt auch. Er ist nicht mit Nini und Stefanija nach Hause gegangen. Trotzdem sieht alles irgendwie nach einer Epidemie aus. Wenn Weibl fehlt, glotzt keiner.

Wieland blättert tatsächlich das Klassenbuch durch und schaut nach, ob Stefanija sonst einmal gefehlt hat. Er findet nichts. «Sie geht ihm ab», murmelt Simone. Ich wende mich nach hinten, um ihr Gesicht zu sehen. Sie durchschaut mich und grinst. «Nein, ich beneide sie nicht», sagt sie. «Glaubst du, dass Nini Stefanija angesteckt hat?», frage ich. «So nahe ist ihr Stefanija nicht gekommen», sagt Simone, «außerdem ist Beta-HCG kein Krankheitserreger.» Sie hat die Haare aus der Stirn frisiert und zu einem Pferdeschwanz zusammenge-

fasst. Dazu trägt sie wiederum diese umwerfende dunkelgrüne Weste mit dem Rundausschnitt.
Leo Schlemmer liest die Ergebnisse der Hausübungsbeispiele vor. Da sie alle richtig sind, lässt ihn Wieland zwei davon an der Tafel rechnen. Schlemmer hat offensichtlich keine Ahnung. «Von wem hast du abgeschrieben?», fragt Wieland. Schlemmer versucht sich empört aufzuplustern. Das wirkt allerdings nur lächerlich. «Von wem?», fragt Wieland und bohrt Schlemmer den Zeigefinger in den linken Brustmuskel. Clemens reckt den Arm in die Höhe. «Von mir», sagt er. «Ja Schmidt?!», staunt Wieland, «was soll ich davon halten?» Clemens wird rot und fixiert stumm seine Finger. Gert erwacht zum Leben. «Ein Plus», ruft er hinaus, «keine Frage.» «Herr Kanovski hat wieder einmal originelle Ideen», sagt Wieland.
«Clemens Schmidt hat bis jetzt noch nie jemanden abschreiben lassen!»
«Ich war bis jetzt der Ansicht, dass man die Hausübungen allein bewältigen sollte.»
«Der Mensch ist ein soziales Wesen!» Gert springt auf. Clemens verschwindet unter dem Tisch.
«Sollte der Mensch im Mathematikunterricht nicht in erster Linie ein rechnendes Wesen sein?»
«Das ist engstirnig!», ruft Gert und wirft die Arme auseinander. Mehrere Leute applaudieren. «Hätten Euer Ehren die Güte, zu Herrn Schlemmer an die Tafel zu kommen», sagt Wieland. Er ist sichtlich genervt, vielleicht fällt ihm daher nichts Neues ein. Clemens muss ebenfalls hinaus. Zu dritt erweitern und kürzen sie Brüche, das heißt, Gert und Clemens erweitern und kürzen Brüche und versuchen abwechselnd Schlemmer zu erklären, wie es geht. «Aussichtslos»,

sagt Simone, «zu viele Muskeln.» Ich muss permanent auf Gerts T-Shirt starren. ‹Shit happens›. Gelbe Schrift auf blauem Grund. Für eine Zehntelsekunde tut er mir Leid. Mit einer Verfassungsjuristin als Großmutter ist es möglicherweise auch nicht immer einfach.
‹Torch› war das Wort, das ich nachschauen wollte. Manchmal tauchen die Dinge ohne Anlass auf, einfach so.
Wieland marschiert neben mir auf und ab. Er spricht über den Unterschied zwischen dem Multiplizieren und dem Erweitern von Brüchen und lässt Meineck einhundertzehn Siebenundsiebzigstel kürzen. Mit ein bisschen Hilfe schafft es Meineck. Trotzdem schaut er unglücklich drein. «Was ist los?», fragt Wieland. «Dauernd komme ich dran», sagt Meineck, «beinahe jede Stunde.» Wieland behauptet, dass auch das nichts anderes als ein mathematisches Phänomen sei, eine Kumulation von Wahrscheinlichkeiten. Über Meinecks Körpergröße sagt er nichts.
Ich lege die rechte Hand flach auf das Wörterbuch. Ich schwöre, die Wahrheit zu sagen, die reine Wahrheit und nichts als die Wahrheit. ‹Torch› dringt über meine Finger ein in das Buch, sickert durch die Seiten bis an jenen Ort, der die Lösung weiß. Susanne verhindert, dass ich eine Antwort bekomme. Sie stößt ihren rechten Ellbogen in meine Seite. «Kannst du mir eine Tintenpatrone borgen?», fragt sie. Ich krame in meinem Federpennal. Ich kann. Sie fingert ziemlich tollpatschig an ihrem Füller herum. Außerdem hat sie Dreck unter den Nägeln. Ihr Ripprolli ist eine Spur zu weit und wirft vorne an den Achseln Falten.
Durch einen Bruch dividiert man, indem man mit seinem Kehrwert multipliziert. Das ist ein Spruch, den man sich merken könnte. Darüber hinaus ist ‹Kehrwert› ein ausge-

sprochen nettes Wort. Man nimmt etwas, stellt es auf den Kopf, und schon sieht die Sache ganz anders aus. Wir dividieren siebzehn Dreiundzwanzigstel durch diverse Zahlen: Jeder darf sich seinen Bruch aussuchen. Simone nimmt elf Sechzehntel, Caroline drei Viertel, McNair neun Siebenundzwanzigstel, allerdings ohne Hintergedanken, und als Wieland «Kürzen!» sagt, kann er damit nichts anfangen. Ich nehme die Zahl Drei, stelle sie auf den Kopf, und übrig bleibt nur noch ein Drittel. Schön. Im Vorbeigehen nimmt Wieland Regina ein ‹Girls›-Heft und Kurt Kraupp eine Dose Isostar mit Aktivatoreffekt weg. Sie regen sich beide nicht auf.

Unmittelbar nach dem Läuten kommt Simone und führt mich ans Fenster. «Ich bin dir noch etwas schuldig», sagt sie. «Aha», sage ich und tue ahnungslos, obwohl ich genau weiß, was sie meint. «Ein Postamtsleiter», sagt sie, «stürzt auf dem Heimweg in den Donaukanal und ertrinkt.» «Genauer?!», sage ich.

«Er stürzt von einer Brücke, vielleicht auch direkt von der Uferpromenade. Kann sein, dass er ein wenig betrunken ist.»

Draußen auf der Straße sieht man Leute in Mänteln und eine Gruppe von Männern in dunkelblauen Uniformen, wie von einer Musikkapelle oder von den Wiener Verkehrsbetrieben. «Ein Trafikant», sagt Simone, «stirbt an einer seltenen Tropenerkrankung. Leberschwellung und Atemnot und überall rote Flecken. Die Ärzte rätseln herum, und als sie draufkommen, ist es zu spät.» Ihre Augen blitzen. «Kennst du einen Trafikanten?», frage ich. «Nein», sagt sie, «ich kenne nur eine Trafikantin. Die ist nett und muss nicht so bald sterben.» Die Männer in den Uniformen sind vorne ums Eck verschwunden.

Ich zeige Simone das Wörterbuch. Sie findet nichts dabei, dass ich es mithabe, obwohl heute kein Englisch ist. Gemeinsam blättern wir nach. ‹Torch› heißt Fackel. «Each a torch in his hand», sage ich. Sie kann damit nichts anfangen. «Es ist aus meiner Musik», sage ich. Mehr will sie nicht wissen. «‹Revenge› heißt Rache», sage ich noch. «Wir haben meinem Vater einmal zum Geburtstag eine Stabtaschenlampe fürs Auto geschenkt», erzählt sie, «auf der Verpackung ist auch ‹torch› gestanden, glaube ich.» Der Postamtsleiter, der Trafikant, die Zahl ein Drittel und ‹torch›, die Fackel, das alles zusammen macht mich im Moment ziemlich zufrieden.

Mit Religion ist das so eine Sache. Eigentlich bin ich absolut draußen. Die Geschichten von Erlösung und Jenseits und ewigem Leben haben mit mir so viel zu tun wie diese schwefelverwertenden Bakterien in den Tiefseevulkanen. Andererseits spricht nichts dagegen, dass man bis zu einem bestimmten Punkt im Leben darauf hofft, dass es so was wie Lohn und Strafe gibt für jene Dinge, die die Menschen tun. Zumindest auf bestimmte Menschen sollte das zutreffen. Für Mutter Teresa zum Beispiel sollte es einen Himmel geben und für Leute am anderen Ende der Skala auch etwas Entsprechendes. Ulrike Gaisler und die Religion passen genauso zusammen wie Alexandra oder Thomas McNair und die Religion. Caroline und Kurt Kraupp sind evangelisch, bleiben aber meistens in der Klasse sitzen und machen ihre Hausaufgaben. Gert behauptet, seine Eltern hätten ihn auch vom Religionsunterricht abgemeldet. Er nimmt trotzdem teil, aus rein philosophischem Interesse, wie er sagt.

Die Gaisler ist jung, blass und unverheiratet. Das ist etwas völlig anderes, als wenn man von Lilly Bogner sagt, sie ist unverheiratet. Gewisse Leute meinen, die Gaisler hat noch nie einen Freund gehabt. Ich glaube das nicht, denn sie ist eine total nette Person, total verzopft, aber total nett. Sie trägt im Winter meistens dunkelgraue Stoffhosen und niedrige schwarze Stiefeletten mit silbergrauem Pelzabschluss. Oben trägt sie weiße Langarmblusen, darüber manchmal eine mittelblaue Baumwollweste, manchmal einen goldbraunen Seidenschal. Heute Weste, keinen Schal.

Die sieben Gaben des Heiligen Geistes. Die Gaisler greift nach einem Stück Kreide und wendet sich zur Tafel. «Erstens Flugfähigkeit, zweitens Gurren», sagt Gert. Alexandra steht auf. Wenn er es als Gast schon notwendig habe, blödsinnig daherzureden, sagt sie, dann solle er doch bitte so nett sein und die Begriffe Eigenschaft und Gabe korrekt auseinander halten. Sie bleibt dabei vollkommen ruhig, nicht einmal ihr Gesicht wird rot. Gert sagt kein Wort. Christoph gurrt laut und schlägt mit den Flügeln. Die Gaisler sieht Alexandra an, als wäre sie ein Engel. ‹1. Intellectus – Verstand›, schreibt sie hin. Sie verzichtet darauf, eine Bemerkung zu machen wie: ‹Das ist jene Gabe, mit der Christoph Bacher nicht gesegnet wurde.› Bei 4. Consilium – Rat spricht sie von der Wichtigkeit echter Freunde und bei 5. Pietas – Frömmigkeit von der Kraft des Gebetes. «Ich wette, sie fastet einmal pro Woche», sagt Simone. Ich stelle mir vor, wie die Gaisler am Karfreitag ein großes Holzkreuz einen Hügel hinaufträgt. Die Leute am Straßenrand stecken die Köpfe zusammen. Keiner fragt sie, warum sie das macht. Sie hat mit Sicherheit drei kleine Blumentöpfe auf dem Küchenfensterbrett stehen, Schnittlauch, Petersilie und Basilikum. Vom Basilikum nimmt sie nie zu viel, denn es ist ein starkes Gewürz.

Eigentlich heiße es Furcht des Herrn, sagt die Gaisler. ‹7. Timor Domini – Gottesfurcht›, schreibt sie hin und greift sich mit der linken Hand an den Hals. Dabei lächelt sie. Sie spricht von Ehrfurcht und Demut und den Kniebeugen in der Kirche. Auf Dominiks Einwand, das klinge doch alles nach Klosterschwestern, Kerzenschlucken, um halb fünf Uhr früh zum Chorgebet aufstehen oder nach sonstiger Weltfremdheit, sagt sie: «Denkt an den Satz: Was ihr dem geringsten meiner Brüder getan habt, das habt ihr mir getan.» Sie erzählt von einem Obdachlosenbetreuungsprojekt, an dem sie mitarbeitet. Ich blättere im Pons. Gabe heißt ‹gift›, Frömmigkeit heißt ‹piousness›. Gottesfurcht gibt es nicht. «Was brauche ich Gott, um diesen armen Schweinen zu helfen?», fragt Gert. «Wenn du ihnen hilfst, ist er im Spiel, egal ob du ihn brauchst oder nicht», sagt die Gaisler. Das passt Gert gar nicht.

Ich stelle mir vor, wie die Gaisler am Abend ins Bett kriecht, in einem langen Nachthemd, und dann ausgestreckt auf dem Rücken liegt, ganz starr, ohne sich zu rühren. Der Kleiderschrank wirft einen scharfen Schatten ins Zimmer, und das Schutzengelbild über dem Bett hilft nichts. Furcht des Herrn, ‹fear of the Lord›. Wer unter all denen da hat schon eine Ahnung davon?

‹Behold› heißt: Und siehe! ‹Ghastly› heißt entsetzlich, grauenerregend, grässlich.

Lukas Meineck bekommt einen Hustenanfall. Regina macht ihn nach. Clemens schlägt Meineck auf den Rücken. Es nützt nichts. Regina tut so, als würde sie ersticken. Die Gaisler erzählt von einer Ärztin, die einmal pro Woche unentgeltlich Obdachlose behandelt. «Hundertprozentig eine Atheistin», sagt Gert. «Sie ist Mormonin», sagt Simone. «Woher willst du das wissen?», fragt Gert. «Ich kenne sie aus der Apotheke», erwidert Simone, «sie ist klein und trägt eine

winzige runde Brille. Sie kommt jeden Mittwoch am späteren Vormittag um ihre Medikamente.» Alexandra grinst. Die Gaisler bemüht sich, neutral dreinzuschauen. Behold. A ghastly band, each a torch in his hand. Revenge! Revenge.
Judith ist wieder da. Sie ist blass und schaut einen noch weniger an als sonst, aber sie trägt weder irgendwo einen Verband, noch hat sie blaue Flecken auf der Stirn. Blacky stellt ihr ein großes Tablett mit Wurstsemmeln aufs Buffet. Er ist sichtlich gut drauf. Sie schiebt das Tablett an den Rand, um vor sich Platz zum Hantieren zu haben. «Sie haben einen neuen Sweater», sagt Simone. Judith blickt an sich hinab und tupft mit ihrem rechten Zeigefinger vorne auf den Sweater. «Ja, mit Eisbären», sagt sie. Auf dem Sweater marschieren tatsächlich hunderte Eisbären, eine Reihe von rechts nach links, die nächste Reihe von links nach rechts, und so fort. «Lauter besonders hübsche Eisbären», sagt Simone. Judith versucht zu lächeln. Sie wirkt total müde. Als sie uns die Zimtschnecken und den Kakao herüberreicht, lässt sie die Sachen beinahe fallen. «Sind Sie wieder gesund?», frage ich. Sie scheint nicht zu verstehen, was ich meine. «Ja, Eisbären», sagt sie, «mit Eisbären, ja, Eisbären.» Simone stößt mich in die Seite. «Es ist ihr peinlich», zischt sie mir ins Ohr. Sie hat Recht. Andererseits gibt es manchmal einfach dieses Gefühl, ganz nahe an etwas Unerhörtem gewesen zu sein.
«Wie sterben zwei Reifenhändler?», frage ich Simone im Stiegenhaus. Sie grinst. «Du wirst unverschämt», sagt sie, «genügt nicht einer?» «Nein», sage ich, «es sind zwei. Brüder, geringer Altersunterschied, der eine trägt einen dunkelblonden Oberlippenbart.» Simone trinkt ihren Kakao. Sie denkt nach. Schließlich schüttelt sie den Kopf. «Das ist sehr schwirig», sagt sie, «erstens: Wie sterben zwei Brüder? Zweitens: Wie

stirbt ein Reifenhändler? Außerdem stören solche Dinge wie der Altersunterschied und der Oberlippenbart.» Die Werkstätte ist klein und liegt relativ zentral. Das Depot, in dem die Reifen in säulenartigen Stapeln lagern, ist in einem uralten Gewölbekeller untergebracht. Gewisse Reifen stecken in großen weißen Säcken. Das alles erkläre ich Simone.
Christina kniet auf dem Boden und weint. Jemand hat ihr das Liptauerbrot aufgeklappt und ins Bankfach hineingeklebt, eine Hälfte auf den Geografie-Atlas. Ich tippe auf Regina. Sie ist im Moment nicht in der Klasse. Kurt Kraupp bringt Christina eine Packung Papiertaschentücher. «Du kannst sie alle verbrauchen», sagt er. Sie wischt damit herum und schneuzt sich, abwechselnd. Prompt macht sie sich vorne auf das komische, graubraun karierte Kleid, das sie seit fast einer Woche trägt, einen Liptauerfleck. Leo Schlemmer bekommt einen mittleren Lachanfall. Christina blickt auf. «Warst du das?», fragt sie schluchzend. Jetzt lachen auch Christoph, Yvonne und Caroline. Schlemmer nickt und brüllt vor Lachen. Kurt Kraupp geht auf Schlemmer zu. Wenn er angespannt ist, beginnt seine rechte Schulter tickartig zu zucken. «Du weißt, dass mein Vater Generalstabsoffizier ist», sagt er. «Das ist ein alter Hut», sagt Christoph. «Und du weißt, welche Freunde ich habe.» Jetzt hört Schlemmer auf zu lachen. Kraupp steht zirka einen halben Meter vor ihm. «Ich schätze, du legst Wert darauf, meine Freunde kennen zu lernen», sagt Kraupp. «Von mir aus», murmelt Schlemmer. Auch Christoph und die anderen lachen nicht mehr. «Der Rächer der Witwen und Waisen», sagt Simone und macht ihre Kakaopackung platt. Keiner kennt Kurt Kraupps Freunde. Vielleicht sind sie alle bei irgendeiner Nazi-Truppe oder beim Heeresnachrichtenamt.

Ich stelle mir vor, wie ich mit dem Einundsiebziger durch die Simmeringer Hauptstraße fahre, auf den Zentralfriedhof zu. In der Straßenbahn stinkt es nach Buchsbaum und alten Frauen. Eines der Häuser da draußen ist jenes, in dem Christina wohnt. Ich stelle mir eine Küche vor, mit Gasherd und lindgrünen Vorhängen, in der Liptauerbrote gestrichen werden. Auf dem Boden steht ein Goldhamsterkäfig mit Laufrad.

Drosch, der neue Physiker mit dem Mondgesicht, suppliert für Schneider. Susanne schlägt die Hände vors Gesicht und ächzt. Sie findet Drosch grässlich. Sie behauptet, den Grund dafür zu wissen, ihn aber unmöglich aussprechen zu können. Ich denke, es gehört zu ihren verkrampften Bemühungen, sich interessant zu machen. Drosch hat eine Karte des nördlichen und südlichen Sternenhimmels dabei und hängt sie an die Tafel. Er stellt uns frei, uns selbst eine Beschäftigung zu suchen oder seinen Geschichten über Astronomie zuzuhören. Kaum jemand entscheidet sich für die Beschäftigung. «Wo ist der Krebs, und warum gilt er als defensiv und häuslich?», fragt Gert. «Der junge Mann will mich entweder pflanzen oder kann wie so viele Astronomie und Astrologie nicht auseinander halten», sagt Drosch. «Der junge Mann gesteht, Sie pflanzen zu wollen», sagt Gert. Wie so viele – das hält er nicht aus, damit kann er nicht gemeint sein. Drosch zeigt uns den Krebs. Gert ist erbost darüber, dass er ein dermaßen unscheinbares Sternbild ist. Er meint, bei der Eintragung in seine Geburtsurkunde müsse dem Standesbeamten ein Irrtum passiert sein. «Eigentlich war schon August», sagt er, «und ich bin in Wahrheit Löwe.» Der habe zumindest einen nennenswert hellen Zentralstern, sagt Drosch. Clemens zeigt auf und will etwas über Deneb im

Schwan und Wega in der Leier wissen, außerdem ob man einen Neutronenstern theoretisch sehen könne oder nicht. Lukas Meineck blickt Clemens an, als sei er soeben aus einem Raumschiff gestiegen. An manchen Tagen schlagen die Unauffälligen einfach zu. Drosch ist jedenfalls hingerissen. Ich klinke mich an diesem Punkt aus.

Ich erfinde Sätze und analysiere sie. ‹Das Mädchen mit dem kranken Blick holt in der Pause die Wurstsemmeln von den beiden Schulwarten.› Das Mädchen – Subjekt. Mit dem kranken Blick – was für ein Mädchen? Also Attribut. Holt – Prädikat. In der Pause – wann? Zeitergänzung. Die Wurstsemmeln – sie holt wen oder was? Ergänzung im vierten Fall. Von den beiden Schulwarten – von wem? Präpositionalergänzung im dritten Fall. Leicht. ‹Vor dem Künstlerbedarfsgeschäft lag sterbend der Trafikant und begriff, dass nun endlich der Zeitpunkt der Abrechnung gekommen war.› Der Trafikant – Subjekt. Lag – Prädikat. Sterbend – wie lag er? Artergänzung. Vor dem Künstlerbedarfsgeschäft – wo? Ortsergänzung Und – Konjunktion. Begriff – zweites Prädikat. Dass nun endlich der Zeitpunkt der Abrechnung gekommen war – was begriff er? Ergänzungssatz im vierten Fall. Auch nicht schwer. ‹Each a torch in his hand.› Each – Subjekt. A torch – wen oder was in his hand? Ergänzung im vierten Fall. In his hand – wo? Ortsergänzung. Oder in wem? – Vorwortergänzung im dritten Fall. Kein Prädikat. Gewisse Sätze brauchen kein Prädikat.

Es läuft die Diskussion, ob es wünschenswerter ist, auf einem Neutronenstern zu einem mikroskopisch kleinen Atompaket zusammengequetscht zu werden oder sich in ein schwarzes Loch saugen zu lassen. Gert ist erwartungsgemäß für das schwarze Loch. «Können Atompakete miteinander reden?», fragt Christoph. Drosch weiß keine Antwort. Ich schreibe weiter an meinem Aufsatz über ‹Die Brück' am Tay›. Er ist bis Freitag auf. Mich interessiert dabei diese ganze Fontane-zitiert-Shakespeare-Geschichte reichlich wenig. Für mich sind es drei Terroristen, die eine Sprengladung an der Brücke anbringen und exakt zum richtigen Zeitpunkt zünden. Nur weil sie ‹Tand, Tand ist das Gebilde von Menschenhand!› sagen, müssen sie nicht Zauberer oder Hexen oder sonst was sein. Die Aktivisten der IRA oder der Palästinenser sind ja auch gelegentlich Leute, die nachdenken. Was ich tatsächlich nicht weiß, ist, ob das Unglück am Weihnachtsabend passiert oder erst später. Da im Zweifelsfall immer die größere Gemeinheit anzunehmen ist, wird es schon Weihnachten sein. Warum schreibt Fontane Edinburg ohne H und Johnie mit nur einem N? Der Heilige Abend. ‹Ich lache, denk ich an früher zurück, an all den Jammer und all die Not.› In ‹Macbeth› gibt es angeblich auf einer Treppenstufe einen Blutfleck, der sich mit nichts entfernen lässt.

Drosch erzählt von den Supernova-Entdeckungen des letzten Jahrhunderts und vom Forschungsaufenthalt in einem Observatorium in den chilenischen Anden. Er erzählt, dass er dort während der ersten Woche kaum Luft bekommen hat, was auf einen eklatanten Wettbewerbsnachteil in der Zahl der roten Blutkörperchen zurückzuführen war. Am Ende erzählt er noch von Maisfladen und Lamas, und dann ist die Stunde aus.

Simone mag nicht noch einmal zum Buffet gehen. Ich habe momentan ununterbrochen Hunger. Simone macht Gott sei Dank keine ‹Bist du am Ende auch schwanger?›-Bemerkung. Wir reden darüber, dass die Interessen mancher Menschen schwer zu verstehen sind, wobei Sterne und schwarze Lö-

cher nicht einmal so extreme Beispiele sind. Simone erzählt von einem Nachbarn, der erst Bierdeckel gesammelt hat und dann, weil es weniger Platz beansprucht, Stecknadeln. Stecknadeln aller Längen und Stärken, mit Glasköpfen und was weiß ich noch allem. Danach reden wir darüber, wie Kurt Kraupp Leo Schlemmer angegangen ist, und Simone sagt: «Auch wenn einem jemand nicht sonderlich sympathisch ist, kann er einmal etwas Anständiges tun.» Ich würde diesen Satz eher umdrehen, aber das sage ich nicht. Kraupp und Schlemmer gehen sich jedenfalls aus dem Weg.
Während des Umziehens frage ich Simone, ob sie sich vorstellen kann, mit dem Zug in einen Fluss zu stürzen. «Auf diese Weise sterben zwei Reifenhändler mit Sicherheit nicht», sagt sie. «Das hat damit gar nichts zu tun», versuche ich zu erklären. Sie kapiert erst mit einiger Verzögerung, dass es sich um Edinburgh handelt und Fontane und seinerzeit und nicht um Wien und jetzt. «Ich habe noch nichts geschrieben», sagt sie und wirkt ein wenig schuldbewusst. «Ich lache, denk ich an früher zurück, an all den Jammer und all die Not», sage ich. «So ein Blödsinn», sagt Susanne, während sie sich ihr grellblaues Trikot überzieht. Sie hat ihre Ohren überall. Ich bekomme die Idee, eine mittellange Stecknadel mit gelbem Kunststoffkopf in ihren Oberschenkel zu treiben. Das passt zum Trikot.
Die Lubec lässt uns den Stufenbarren aufbauen, das heißt nur den höheren Holm. Sie stellt ihn ungefähr auf ihre Kinnhöhe ein. Felgeaufschwung am Anfang. Die Lubec macht ihn uns vor. Ihr Trainingsanzug zieht so was wie eine silberne Schleife durch die Luft. Yvonne macht es ihr als Erste nach. Sie besucht regelmäßig einen Verein und ist dementsprechend eine gute Turnerin. Sie stinkt heute auch nicht

nach Deodorant. Der Reihe nach Alexandra, Simone, ich. Ich kriege den Hintern mit ein wenig Mühe hoch genug. Im Stütz zittern meine Unterarme. Die Lubec lobt mich. Sie scheint mir insgesamt nicht viel zuzutrauen. Das Fehlen von Nini und Stefanija kommentiert sie mit keinem Wort. «Sie ist sicher heilfroh, dass die beiden nicht da sind», zischt mir Simone zu. Manchmal ist es einfach logisch, dasselbe zu denken. Es ist wirklich kein Spaß, Nini aufs Reck oder auf den Stufenbarren zu hieven. Sie beginnt jedes Mal panisch zu wimmern, sobald ihre Füße den Kontakt zum Boden verlieren. Die Lubec verdreht dann die Augen und sieht mit ihrem ausgezehrten Vogelgesicht neben Nini völlig überfordert aus. Regina deutet mit ihrem rechten Bein einen Schwung an und lässt sich zu Boden fallen. Sie liegt da in ihrem weißen Gymnastikanzug mit den hellblauen Streifen, gewollt verdreht, und grinst. «Ich glaube, ich habe mir den Fuß verstaucht», sagt sie, «ich glaube, Frau Professor, ich kann nicht mehr mitturnen.» Die Lubec geht einmal um Regina herum und wendet sich dann an uns alle. «Wer den Felgaufschwung nicht kann, bekommt höchstens eine Drei», sagt sie. «Ich hätte ihn gekonnt», sagt Regina, «aber Unfälle passieren nun mal.» Hätte die Lubec jetzt ihre Soundmachine dabei, so würde sie sie abstürzen lassen, direkt auf Reginas entspannten Bauch.

Felgumschwung, ich habe es geahnt. Genau zwei von uns kriegen ihn hin, Yvonne und Alexandra. Mich haut es insgesamt sieben Mal runter, bevor ich kapituliere. Die Lubec demonstriert die Angelegenheit wieder und wieder. Sie kriegt mit Sicherheit blaue Flecken über ihren Beckenschaufeln. Regina hockt an der Sprossenwand, massiert ihren Knöchel und grinst süffisant. Ich schnalle sie neben der Lubec auf den Holm, um die Hüfte, mit einem breiten Gurt. Ich stoße die beiden an, die eine gegen den Rücken, die andere gegen die Brust. Sie beginnen sich gegengleich zu drehen wie zwei Windräder.

Die Kippe bringt keine von uns zustande. Sie ist etwas, das man nicht einmal vernünftig erklären kann. Man stellt sich hin, greift mit beiden Händen an den Holm, macht eine schnellende, wellenförmige Bewegung mit dem ganzen Körper, und wenn alles optimal läuft, ist man oben. Vermutlich beginnen damit die Karrieren von Zirkusartisten. Wir taugen alle nicht zu Zirkusartisten, nicht einmal Yvonne, trotz Sportverein. Genauso wie es unsympathische Menschen gibt, gibt es unsympathische Turnübungen. «Die Lubec ist eine verhinderte Zirkusartistin», sage ich. «Eine Schlangenfrau», sagt Simone, «die aus Kummer über mangelnden Erfolg magersüchtig geworden ist.» Was Simone mit der Magersucht hat, verstehe ich nicht. Was nicht heißt, dass ich nicht auch Zeiten kenne, in denen ich nichts essen kann.

Wir laufen ein paar Runden, zur Lockerung, wie die Lubec sagt, wir hüpfen wie die Hasen, wir stoßen Basketbälle in hohem Bogen in den Raum, wir lassen uns von Regina blöd angrinsen. Super.

Das Pfirsichduschbad. Die Entenschnäbel. «Meine sehen aus wie Fischotter», sage ich. Simone quetscht Schaum unter ihren Achseln hervor. «Der Fischotter ist keine bedrohte Tierart», sagt sie, «Seehunde wären nicht so gut.»

«Robbenbabys wären am allerschlechtesten.»

Sie nickt. Ich denke an Eisschollen und Seehundmütter mit Fischen im Maul und an norwegische oder kanadische Jäger. Wie stirbt ein kanadischer Jäger? Das frage ich aber nicht.

Felgeaufschwung heißt ‹upward circle forwards›, Kippe

heißt ‹spring› und Fischotter heißt ‹otter›. Stufenbarren heißt ‹asymmetric bar›, Entenschnabel heißt ‹duckbill›, und Robbenbaby heißt ‹baby seak›. Pelzjäger heißt ‹furhunter› oder ‹skin-hunter›. ‹Skin› heißt eigentlich Haut. «Was blätterst du da permanent herum?», fragt Susanne. «Ich übersetze alle wichtigen Worte», gebe ich zur Antwort. Sie riecht nach Schweiß. Ich schätze, sie hat noch nie ein so großes Buch gesehen.

Christoph ist beim Sprung über das Langpferd hängen geblieben und nach dem Aufprall auf der Matte dahinradiert. Jetzt sitzt er mit zwei frisch desinfizierten Unterarmen da und leidet. Gert beschreibt zum fünfzehnten Mal Christophs Flugbahn. «Eine eineinhalbfache Schraube», sagt er immer wieder. Yvonne hört mit offenem Mund zu, Caroline genauso. Wie soll ich die Geschichtsstunde überstehen? «Meinst du, ich kann noch einmal zum Arzt gehen?», frage ich Simone. «Nein», sagt sie, «kannst du nicht.» Wenn sie so ernst ist, kommt Widerspruch nicht in Frage.

Das Problem bei Gebhart ist, dass ihn Blüte und Niedergang des Imperium Romanum auch nicht interessieren. Er hockt vorne, fett mit blondem Schopf und roten Wangen, und erzählt mit monoton mittellauter Stimme über Augustus, Claudius, Trajan und wie diese Kaiser sonst noch geheißen haben. Er empfiehlt uns, die Dinge nicht unbedingt aufzuschreiben, sondern mit Signalstift im Buch anzuzeichnen. Susannes Signalstift ist hellblau. Mich wird man in meinem ganzen Leben nicht dazu bringen, mit Signalstiften in Büchern herumzumalen. Es heißt, Gebhart hat zwei kleine Kinder zu Hause. Ich stelle mir zwei Mini-Maden vor, die gelangweilt vor dem Fernseher hocken und an etwas Amorphem fressen. Grieskoch zum Beispiel. Ursprünglich haben

die Leute behauptet, er sei schwul, aber die meisten von uns glauben das inzwischen nicht mehr. Eigentlich ist es den meisten von uns egal geworden, und das will schon was heißen, wenn es einer Schulklasse egal ist, ob ein Lehrer schwul ist oder nicht.
Lukas Meineck und Clemens zeichnen vor mir einen Relaxo, der von Mewtu und einem nashornartigen Pokémon, dessen Namen ich nicht kenne, attackiert wird. Gebhart muss es bemerken, aber es ist ihm offenbar wurscht, solange die beiden keinen Lärm machen. Er steht seufzend auf und malt eine Zeitskala an die Tafel. Sie reicht von Christi Geburt bis zirka 500 nach Christus. Gebharts olivgrün und braun kariertes Sakko ist zu eng und zu kurz. Er spricht über die Christenverfolgung und diesen völlig durchgeknallten Kaiser Nero. «Ein Königreich für ein Pferd», brüllt Gert. «Gebhart ist Nero», sagt Simone. «Du spinnst», sage ich. «Der Atem des Wahnsinns hinter der Maske des Biederen», sagt sie. Schlemmer hebt die Hand. «Zu welcher Zeit hat Asterix gelebt?», fragt er. Gebhart zieht eine Braue hoch. «Schlemmer, seit wann interessierst du dich für Geschichte?», fragt er. Über Asterix sagt er nichts. Es gibt Menschen, die lieben Jahreszahlen. Ich verstehe sie nicht. Es gibt Menschen, die lieben Rahmsuppe, Wohnmobile oder Winterstiefel aus Seehundfell. Die verstehe ich auch nicht. «Traust du Gebhart zu, die Schule anzuzünden?», frage ich Simone. Sie denkt einige Sekunden nach, dann nickt sie. «Er würde ein paar dieser Trottel als Luntenleger und Benzinverschütter anheuern», sagt sie, «und sich das Ganze von einem Dachgeschoss in der Nähe aus anschauen.» Ich versuche mir Gebharts Frau vorzustellen, und zwar in dem Moment, in dem sie von der Polizei erfährt, dass ihr Mann ein Brandstifter ist. Es gelingt

mir nicht wirklich. Klein, kräftig, Korallenkette, brünette Dauerwelle. So in der Art zumindest.

Der Relaxo ist fertig. Meineck hält ihn hoch. Regina hat ihr Handy rausgenommen und telefoniert halblaut. Gebhart erzählt währenddessen etwas von Verfassungsreformen und der größten Ausdehnung des Römischen Reiches. Die Namen aller Provinzen müssten wir nicht wissen, meint er, Dazien und Thrazien zum Beispiel verwechsle er selbst nach wie vor, aber drei von ihnen sollten wir nennen können. Schlemmer meldet sich erneut. «Gallien», sagt er und erwartet eine Asterix-Antwort. «Das ist eine», sagt Gebhart, «zwei fehlen noch.» Ich wette, seine Frau kocht Rezepte aus italienischen Kochbüchern nach und als Vorspeise gibt es Schinken mit Melone. Das Nashornpokémon heißt Rhizeros. Clemens hat es groß auf das Blatt geschrieben. Rhizeros sieht nicht so aus, als ob es den Traumfresser einsetzen könnte. Kleine, kugelige Pelzwesen mit vielen spitzen Zähnen im Maul. Meine Traumfresser machen sich über die Ständekonflikte her, von denen Gebhart zu erzählen beginnt, und als auf die Frage, ob wir eigentlich wüssten, was Stände seien, von Gert die erwartete Ansage kommt: «Nein, aber was ein Ständer ist, wissen einige von uns», wird auch sie von meinen Traumfressern augenblicklich weggeputzt. Gebhart muss sich nicht auf eine ‹Na, dann wollen wir mal hören, was ein Ständer ist, Herr Kanovski›-Aktion einlassen.

Draußen jagen gelbgraue Wolkenberge über den Himmel. Es könnte ein Wetterwechsel kommen. In die eine oder in die andere Richtung. Traumfresser, Timor Domini, skinhunter. Es gibt einen Namen für die Menschen, die Tieren das Fell abziehen. Er fällt mir nicht ein. Diese Leute machen angeblich nur wenige Schnitte mit einem besonders schar-

fen Messer, und schon ist ein mittelgroßes Tier abgehäutet. Gebhart spricht über die Christianisierung Kleinasiens und die Teilung des Römischen Reiches. Ich stelle mir vor, wie er mit Ulrike Gaisler übers Wochenende nach Istanbul fliegt, ohne dass es jemand weiß. Seine Frau glaubt, er ist auf einem Kongress über die Ständekonflikte im Alten Rom. Sie sucht für ihn ein originelles Willkommensgericht aus.
Wir räumen die Geschichtsbücher und Signalstifte weg.
«Wie sieht ein Tier aus, wenn man ihm das Fell abgezogen hat?», frage ich Simone. Sie schaut mich ein wenig überrascht an. «Wie kommst du darauf?», fragt sie.
«Einfach so.»
«Hat das etwas mit den Reifenhändlern zu tun?»
«Tiere», sage ich, «Tiere, nicht Reifenhändler.» Sie lacht.
«Nackt sieht es aus, nehme ich an», sagt sie, «in erster Linie nackt.» Haut und Knochen, fällt mir ein und die Gaisler, wie sie ausgestreckt in ihrem Bett liegt, ohne sich zu rühren.
Die Luft brennt auf den Wangen. Sie ist viel eindeutiger kalt als am Morgen. Ich ziehe den Jackenzipp hoch bis zum Kinn. Vor mir geht Christina in Richtung Bushaltestelle. Ich mag nicht mit ihr reden und drehe eine Runde durch die Einkaufspassage im Palais Harrach. In einem der Geschäfte gibt es Riedel-Gläser um zehn Prozent verbilligt. Die rote Schrift dazu könnte von Christoph Bacher sein. Durch das Schaufenster sehe ich einen grauhaarigen Mann wild gestikulieren. Es ist wie in einem Film mit abgeschaltetem Ton. Der Mann scheint der Geschäftsführer zu sein. Ich schätze, er regt sich darüber auf, dass eine seiner Angestellten einem Kunden irrtümlicherweise zu wenig verrechnet hat. Seine strenge Frisur passt dazu. Der Mann sieht mich für eine Sekunde durch die Scheibe an. Ich zeige ihm die Zähne.

Skin and bones, das weiß ich auch ohne Wörterbuch. Ich schließe mein rechtes Auge und gehe weiter. Ich kollidiere mit einem Mann in Wollmantel und Krawatte, der aus dem ‹Schwarzen Kameel› tritt. Ich drehe langsam den Kopf und schaue ihn mit dem linken Auge böse an. «Ich nehme an meiner rechten Körperhälfte nichts wahr», sage ich, und, als dem Mann nichts einfällt: «Eine Art Schlaganfall, gleich nach der Geburt.» «Das tut mir aber Leid», murmelt der Mann. Er hat einen winzigen Rotkrautfaden im rechten Mundwinkel hängen. Beinahe hätte ich laut aufgelacht.

Links die Wäscheboutique, die Bank mit der Fassade aus rotbraunen Marmorplatten, der Optiker, in rechtem Winkel über die Straße, Einbahn, von rechts kann kein Auto kommen, ein Bekleidungsgeschäft, noch eines, schmale Querstraße, drittes Bekleidungsgeschäft. Ein wundertätiger Lichtstrahl, der mich trifft, und augenblicklich von meiner Halbseiteneinschränkung befreit. Der Bankomat, schräg rechts gegenüber, auf der anderen Straßenseite.

Ich ziehe Annettes Karte heraus. Die blonde Frau mit der hellgrauen Filzkappe, die sich hinter mir anstellt, stört mich nicht. 3617. Der Code stimmt. Ich hebe hundertneunzig Euro ab. Ich weiß nicht, warum, aber es macht ein gutes Gefühl, viele Zehner in der Börse zu haben. «Ich bin vor einer Minute durch einen Lichtstrahl geheilt worden», sage ich im Weggehen zu der Frau. Sie lächelt freundlich und hebt die Schultern. «Sorry», sagt sie, «no German.» Manchmal haut man daneben, und keiner merkt es.

Ich gehe die Rotenturmstraße hinunter, immer exakt die Gehsteigkante entlang. Bei den Straßenlaternen mache ich eine kleine Schleife nach links. Manche Leute glauben wahrscheinlich, ich leide unter einer Art Zwangsneurose. Nur auf die weißen Streifen treten, zweihundert Mal die Hände waschen und so fort. Mir ist es egal. Ich weiß, dass ich unter gar keiner Neurose leide. Außerdem schaue ich den Leuten nicht ins Gesicht.

Zuerst Trafik oder dm? Zuerst Trafik. Die Trafikantin ist jung, hübsch und trägt ein Pflaster auf der linken Wange. «Die Katze?», frage ich. Sie zieht eine Braue hoch. «Bist du aber neugierig», sagt sie. «Ich habe einen Kater, der mich ständig im Gesicht kratzt», sage ich. Sie lacht. «Ein Muttermal», sagt sie, «der Hautarzt hat es mit flüssigem Stickstoff entfernt.» Ich erinnere mich vage an Dinge, die uns Werner über die Temperaturabhängigkeit von Aggregatzuständen erzählt hat. Das Wort ‹Muttermal› mag ich nicht. Der Trafikantin macht es offenbar Spaß, mir die ganze Prozedur zu erklären: langstieliges Wattestäbchen, Thermobehälter, aus dem so was wie Theaterrauch quillt, und so weiter, und es hat natürlich überhaupt nicht wehgetan. «Meine Großmutter hat einen Hirntumor», sage ich, «und dadurch eine komplette Halbseitenlähmung. Außerdem verwechselt sie sämtliche Wörter.» Die Trafikantin glaubt nicht, dass man Hirntumore mit flüssigem Stickstoff entfernen kann.

Ich krame unter den Zeitschriften. «Für die Oma», sage ich, «viele Bilder, wenig Text.» «Klar», sagt die Trafikantin. Ich nehme ein ‹Goldenes Blatt› und ein ‹Universum-Magazin›. «Ich bin sicher, die Großmutter wird sich freuen», sagt die Trafikantin. Ich bin auch sicher.

Ich trete einen Kieshaufen auseinander, der an der Gehsteigkante aufgeschüttet ist. Pech gehabt. Keiner kommt und regt sich auf.

Ein dünnes Mädchen mit glattem blondem Haar und einem zitronengelben Shirt unter dem Arbeitskittel ordnet Duschbäder. Sie wirkt gelangweilt. Ich lege eine kleine Packung Katzenmilch in den Wagen. Ich habe es noch nie zusammengebracht, für den Kater gar nichts zu kaufen. Das Regal mit den Raumsprays finde ich im letzten Gang, einige Meter vor der Kassa. Atlantik, Tanne, Maiglöckchen, Zimt, Meeresbrise, Sandelholz, Sommerwiese, Rosengarten. Ich gehe zurück und hole die dünne Blonde. «Erstens», sage ich, «welches ist der stärkste Duft? Und zweitens: Was ist der Unterschied zwischen Atlantik und Meeresbrise?» Sie nimmt die Meeresbrise aus dem Regal, schaut mich ratlos an, und kurz sehe ich sie vor mir, wie sie die Kappe abzieht, den Ärmel hochschiebt und sich das Zeug auf die Innenseite des Unterarmes sprüht, als wäre es Parfüm. «Der Atlantik ist einfach ...», sagt sie, «wie soll ich sagen?» «Eben», sage ich. Sie umklammert die Dose und geht davon, einfach so. Keiner ist da. Ich könnte mir das Teuerste vom Teuren nehmen und abhauen, eine Tonne Sheba-Schälchen zum Beispiel oder zehn Calvin-Klein-Deostifte. ‹Nicht in die offene Flamme sprühen, Kontakt mit Haut und Schleimhäuten vermeiden›, ist auf allen Raumspraydosen zu lesen. Ich stelle mir vor, wie Ulrike Gaisler drei Stöße Maiglöckchen in den Raum schickt, bevor sie sich aufs WC setzt, und wie sie dann zu weinen beginnt, ohne zu wissen, warum. Das Mädchen kommt zurück. Die Frau mit dem einseitigen Gesicht ist bei ihm. Sie lächelt ganz wenig, als sie mich sieht. «Raumspray hilft aber nicht gegen Ungeziefer», sagt sie. «Die Katze hat Durchfall», sage ich.

«Hast du nicht mehrere Katzen?»

«Durchfall hat einstweilen nur eine von ihnen.»

«Und das stinkt?»

«Ja, das stinkt.»

Sie empfiehlt mir Sandelholz, weil man das auf Dauer noch am besten aushalte. Außerdem gibt sie mir einen Duftstecker ‹Buddleja›, der zwar vierzehn neunzig kostet, aber von all diesen Dingen am nachhaltigsten wirken soll. Die Buddleja, erklärt mir die Frau, ist jener weiß oder lila blühende Strauch, zu dem im Sommer scharenweise die Schmetterlinge kommen. Die dünne Blonde steht dabei und hat auch etwas gelernt. Sie krallt sich immer noch an die ‹Meeresbrise›. Die ‹Rusticana› nehme ich diesmal im Karton mit. Es ist eindeutig zu kalt, um sie im Freien zu essen. Heute zwei Schnitten. Auf Wiedersehen, Felgeaufschwung! Behold. Valentina Fettsack. Passt sich formatmäßig ihrem Kater an.
In der U-Bahn schlage ich den Pons auf. Der ältere Herr, der mir gegenübersitzt, schaut mir interessiert zu. «Sandelholz heißt ‹sandalwood›», sage ich, «und Gestank heißt ‹stink›.» «Sandelholz hat man früher für Männerparfüms verwendet», sagt der Mann. Ich sage nichts von den Raumsprays.
Ratajczyk liegt wie ein Sack im Vorzimmer, den Rücken am Heizkörper. «Behold tomcat», sage ich zu ihm. Er hebt ein Ohr. Ich öffne alle Fenster weit. Dann steige ich in die Dusche. Ich frage mich, ob Leute mit einem asymmetrischen Gesicht auch einen asymmetrischen Körper haben. Zum Beispiel einen Entenschnabel und einen Fischotter. Ich halte mein Gesicht direkt unter den Brausekopf. Es ist, als würde jemand mit ganz dünnen Stäbchen auf meine Augenlider drücken. Ich hänge den Haarreifen an die Mischbatterie. Ich habe vergessen, ihn abzunehmen. Er fühlt sich weicher an als sonst. In einer Sauna hat es angeblich bis zu hundert Grad. Die Menschen überleben das. Mir fällt nicht ein, wie ich die Temperatur meines Duschwassers messen könnte.
Ratajczyk hat sich nicht aus dem Fenster gestürzt. Er ist der

wahrscheinlich am wenigsten selbstmordgefährdete Kater der Welt.

Annette sitzt vornübergesunken in ihrem Rollstuhl und schläft. Der Kanarienvogel macht ebenfalls nach wie vor keinen Pieps. Ich lüfte. Der Fernseher läuft, SAT 1, eine dieser Ärzteserien, ich glaube ‹L.A. Docs›. Ein bösartiger Klinikchef sagt seinem viel schöneren und intelligenteren Oberarzt, dass er sich als gekündigt zu betrachten habe. Dem Oberarzt laufen daraufhin die hübschen Frauen noch mehr nach als zuvor. Ich lege die beiden Zeitschriften auf Annettes Schoß. Sie riecht nach Urin und Essen auf Rädern. Für das Baden sind die Chalupski und die mobile Schwester zuständig. Ich stelle mir Annette in der Wanne vor, wie sie plötzlich ihre Lähmung ablegt und der Chalupski, die sie gerade einseift, an den Hals greift. Die Chalupski kriegt einen Herzanfall, kippt vornüber in die Wanne und ertrinkt.

Mir fällt ein, dass ich etwas vergessen habe. Ich habe zwar ein schlechtes Gewissen, aber ich muss Annette wecken. Ich bohre ihr meinen Zeigefinger probeweise fest in den rechten Oberarm. Sie erwacht augenblicklich, und ich bekomme vor Schreck beinahe einen Herzanfall. Sie schlägt mit dem linken Arm um sich. Dann schaut sie zum Fenster hinaus. Ihr linkes Bein zuckt ab und zu. Es ist, als wäre ich nicht hier. «Wie sterben zwei Reifenhändler?», frage ich. Sie wendet den Kopf nach links. Ich stehe auf der anderen Seite, daher sieht sie mich nicht. «Zwei Brüder», sage ich, «wie sterben zwei Reifenhändler, die Brüder sind?» Sie versucht über die linke Schulter nach hinten zu schauen. Sie ächzt und atmet hastig. Zugleich entdeckt sie die beiden Zeitschriften. Sie scheint gar nichts mehr zu verstehen und wirft sie zu Boden. Ich wechsle langsam die Seite. Sie ist total beruhigt, als sie mich wahrnimmt. Ich hebe die Zeitschriften auf. Ich blättere mit ihr im ‹Universum-Magazin› eine Fotodokumentation über die Geburt von Grauwalen durch. «Im Reifenlager bricht ein Brand aus», sage ich, «eine Altöllacke, in die ein Streichholz fällt, oder so. Der eine Bruder merkt den Rauch, steigt hinab in den Gewölbekeller und kommt nicht wieder. Der zweite, jener mit dem Oberlippenbart, folgt ihm und atmet schon am Fuß der Treppe einen Schwall giftiger Gase ein. Er stirbt an Ort und Stelle. Der Bruder lehnt in vielleicht zehn Meter Entfernung an einem Reifenstapel und ist auch längst tot. Als man sie später findet, haben beide eine schmutzig braune Gesichtsfarbe.» Annette zittert. Ich denke, es ist vor allem von der Kälte, und schließe die Fenster. Ich bin sicher, dass die Chalupski nie lüftet. «Die Chalupski hat ein verkümmertes Geruchsorgan», sage ich. Annette lacht. Ich erschrecke darüber beinahe so wie vorhin über ihr Erwachen. Sie hat die linke Mundhälfte geöffnet und gluckst vor sich hin. Das tut sie sonst nie.

Ich gehe zum Käfig, nehme eine der Batterien aus dem Kanarienvogel und stecke sie ein. «Morgen piepst er wieder», sage ich zu Annette. Es mindert ihre gute Laune kaum. Ich habe den Pons oben liegen lassen. Das ärgert mich.

Ich hole das Essen aus dem rosafarbenen Isolierbehälter. Ein blasses Reisfleisch, praktisch ohne Paprika. Salz fehlt auch. Annette hat nach einer halben Portion genug.

In der Wohnung zuallererst meine Musik. Revenge. Revenge. Time of the cries. Zumindest verstehe ich es so: Time of the cries. Ich habe Gänsehaut auf den Unterarmen. Das ist jedoch eher von der Kälte. Ratajczyk verkrallt sich im Teppich. Ich glaube, er friert nie. Ich werfe die beiden Pizzastücke unter den Grill. Dann gehe ich und aktiviere den Duft-

stecker ‹Buddleja› dort, wo es am notwendigsten ist. Die Sprühaktion möchte ich erst nach dem Essen starten. Außerdem sollten dazu sämtliche Fenster geschlossen sein.
‹The Furies› sind die Furien, ‹snakes› die Schlangen, und ‹to hiss› heißt zischen. Giftgase setzen lebenswichtige Zentren im Gehirn lahm. Der Speck brutzelt noch. Der Teigrand ist etwas dunkel geworden, aber wer erträgt schon Pizza aus der Mikrowelle.

vier

Am Morgen war der Vogel da. Er saß auf dem Absatz hinter dem Eingangsspalt, oben auf dem Gestrüpphaufen, und zupfte an den Zweigen herum. Er gab dabei eigenartig brummende Töne von sich.
Im Gegenlicht war es ihm nicht sofort möglich, die Kontur des Tieres eindeutig zuzuordnen, und er dachte erst an einen Falken oder einen jungen Adler. Er hob vorsichtig den Kopf über den Rand der Hängematte. Im Spalt war blauer Himmel zu sehen. Nichts tat ihm weh. Selbst der pappige Geschmack im Mund fehlte. Der Vogel stieg bedächtig hin und her und wandte ihm schließlich das Profil zu.
Ein Kolkrabe. Er sah den mächtigen, sanft gekrümmten Schnabel, die befiederten Beine, die schwarz glänzenden Augen, alles in einer Entfernung von wenigen Schritten. Er dachte an Max. Er hatte sich ausgemalt, gemeinsam mit ihm Bergdohlen zu füttern und ihn damit zu verblüffen, dass sie einem die Kekse aus der Hand fraßen, wenn man ausreichend Geduld besaß. Nichts mit Dohlen und Max. Er hatte Hunger. In dem Moment, in dem er den Oberkörper aufrichtete, um sich aus dem Schlafsack zu schälen, flog der Vogel ab.
Er suchte am Fußende nach seinen Schuhen. In jener März-

nacht in der Südwand der Marmolata hatte er vergessen gehabt, die Kletterschuhe in den Schlafsack zu stecken. In der Früh hatten sie sich angefühlt wie aus Beton. Als sie einige Stunden später auf dem Gipfel gesessen waren, hatte er sie ausgezogen, und Robert Fauler hatte «Ruckedigu, ruckedigu, Blut ist im Schuh» gegurrt.

Er nahm den Aluminiumtopf und klopfte den Eisblock heraus, zu dem der Teerest des Vorabends geworden war. Durch den Spalt reichte eine schmale, aber gut kniehohe Schneewechte etwa eineinhalb Meter in die Höhle herein. Er ging nach vorn und füllte den Topf mit Schnee. Bei der Gelegenheit sah er, dass die Mitte des Gestrüpphaufens zu einer Mulde umgeformt und ihr Boden mit feinen Ästchen ausgelegt war. Der Vogel hatte gearbeitet. An den Bruchstellen der stärkeren Zweige am Rand des Haufens waren dicke Markzylinder zu erkennen. Damit war klar, wer den Hollerbusch gerupft hatte.

Unten im Tal lag eine zarte horizontale Dunstschicht. Der Buchstein ragte darüber auf wie die Kulisse aus einem Kitschfilm. Gleißend – manchmal passten nur diese altmodischen Wörter. Wenn man das Bild jemandem hätte begreiflich machen wollen, hätte man zumindest Kristallpaläste aus irgendwelchen Zauberwelten bemühen müssen. «Vergiss die Pathophobiker», hatte Robert Fauler einmal gesagt, als sie nach der Haute Route in Chamonix im Gastgarten eines Cafés gesessen waren und hingerissen in Richtung Dru und Aiguille Verte gestarrt hatten, «wer in die Berge geht, muss Pathos aushalten können.» Er hatte dabei spöttisch gegrinst, wie immer, wenn er etwas besonders ernst meinte.

Er schlüpfte erst in die Daunenjacke, dann warf er den Gas-

kocher an. Die Kartusche war neu. Er drehte die Flammen zurück, bis die gelben Spitzen völlig verschwunden waren. Während der Schnee schmolz, überprüfte er die beiden Seile nach Manteldefekten. Er fand nichts und schoss sie sorgfältig auf. Das gesprenkelte Seil steckte er in den Rucksack. Er schraubte den Lauf des Gewehres an den Schaft und setzte das Zielfernrohr auf. Die Metallteile waren so kalt, dass er kurz die Vorstellung hatte, daran kleben zu bleiben. Er ließ seinen Blick durch das Tasco über den Kalkkegel streifen, der schräg unterhalb das Kar im Nordwesten begrenzte. Ein Rudel Gämsen bewegte sich zwischen den locker stehenden Föhren eine horizontale Linie entlang, langsam, offenbar im Bewusstsein völliger Sicherheit. Es waren elf Stück, acht ausgewachsene Tiere und drei Junge. Er zählte sie zweimal durch. Er fragte sich, ob die beiden Tiere, denen er beim Hüttenzustieg begegnet war, auch dabei waren. Er fand keine Antwort. Das Weatherby trug bei Windstille dreihundertfünfzig Meter halbwegs exakt. Das wusste er.
Er trank stark gezuckerten Tee und aß Brot mit Emmentaler und einem Stück Cacciatore. Zwischendurch machte er kurze isometrische Übungen, um seine Muskeln aufzuwärmen. Er hatte vorhin keinen Menschen gesehen. Vielleicht kamen sie doch von der anderen Seite. Möglicherweise hatten sie einen Hinweis erhalten und versuchten ihn zu überraschen. In seinem Programm hatte er jedenfalls dafür vorgesorgt. Er packte ein wenig Proviant ein und steckte das Gewehr in den Rucksack. Der Lauf ragte gut dreißig Zentimeter heraus, aber das war ihm egal. Außen drauf schnallte er die Steigeisen und das Eisbeil, für alle Fälle. Das Stirnband, den Helm, Daunenjacke aus, Goretex-Jacke an. Am Ende stieg er in den Gurt und zurrte ihn fest. Er hängte einige Schlingen und Ka-

rabiner in die Hüftschlaufen, außerdem drei Klemmkeile. Auf das Selbstsicherungsgetue mit dem Seil würde er verzichten. Er kannte den Schleichpfad auswendig. Er riskierte es sogar, die fingerlosen Handschuhe zu tragen, obwohl er darin eindeutig weniger Gefühl für den Fels hatte als ohne.
Die Leiste, die vom Spalt waagrecht in die Wand hinausführte, war abgeblasen und daher gut zu begehen. Er bewegte sich auf ihr etwa zwanzig Meter in westliche Richtung. Bei einer weißgelben Abbruchstelle traf er auf den Berglandriss, die Parallelroute zur Verschneidung. Er folgte ihm bis zu einem Standplatz unter einem kleinen dreieckigen Dach. Mit einem Spreizschritt um einen Vorsprung erreichte er ein verstecktes Band, das ihn direkt auf den großen Absatz im obersten Bereich der Rosskuppenkante führte. Er tastete sich über Schneerippen und festgefrorenes Geröll an die Felsen unterhalb des Ausstiegskamins heran. Dabei kam ihm sein Vater in den Sinn, der im Herbst aus unerfindlichen Gründen begonnen hatte, sämtliche Böden in seiner Wohnung herauszureißen. Er hatte inzwischen ein kleines Vermögen in Stabparkett Buche, italienische Steinzeug-Fliesen und hochwertiges Linoleum gesteckt und war noch längst nicht fertig. Wenn man ihn drauf ansprach, reagierte er paranoid: ‹Ihr fürchtet doch nur um euer Erbe›, und so fort.
Der Kamin war voll mit Eis. Er nahm das Beil vom Rucksack und knallte die Haue probeweise einige Male in die Kluft. Große poröse Brocken flogen ihm um die Ohren. Weiter innen fand er schließlich Halt. Im Winter war manchmal alles ganz anders: Einfache Dinge brauchten plötzlich Zeit und Sorgfalt. Er spreizte vorsichtig empor, suchte Tritte und Haltepunkte für die linke Hand an den Kaminkanten und bediente mit der rechten das Beil. Reine Eisklettereien war noch

nie das Seine gewesen, und die Typen, die alljährlich auf sinkende Temperaturen warteten, um in Serie gefrorene Wasserfälle hinaufzuturnen, gehörten für ihn in die gleiche Kategorie wie die Sportkletterer, die sich in Wahrheit geheizte Griffe und ein ständiges Dach über dem Kopf wünschten.

An einer leichten Rechtsbiegung des Kamines hatte er den Blick frei auf die Nordwestabstürze des Peternschartenkopfes. Vor zwanzig Jahren hatte es dort Toni Ritzinger erwischt, jenen wunderbar ernsthaften Landwirtschaftslehrer aus dem Ybbstal, der ihm wenige Wochen davor in den Gletscherspalten des Oberen Pasterzenbodens beigebracht hatte, wie man eine Eisschraube richtig setzt. Er hatte ihn für unverwundbar gehalten und die Sache mit dem Unfall im Grunde erst geglaubt, als er seinen Namen auf jener berühmten Opferliste im Eingangsbogen zum Johnsbacher Bergsteigerfriedhof vorfand.

Die letzten Meter empor zum Grat konnte er aufrecht gehen. Die Sonne lag mit einem Mal voll auf ihm. Er schloss kurz die Augen. Er hatte die Gletscherbrille in der Höhle vergessen. Um diese Jahreszeit war das allerdings noch nicht so heikel. Außerdem hatte er für den Fall der Fälle zwei verschiedene Sorten Augentropfen im Gepäck. Er setzte sich auf seine Überhandschuhe und holte eine Packung Trekking-Kekse aus dem Rucksack. Die Dinger schmeckten, wie man sich vorstellt, dass möglichst viele Kalorien auf möglichst engem Raum schmecken. Er brachte maximal drei Stück auf einmal hinunter. Mike Lukacs hatte all diese komprimierten Sachen geliebt. Astronautennahrung, hatte er dazu gesagt. Überflüssiges, was auch immer es war, hatte er gehasst. Er hatte nie Obst dabeigehabt oder auch nur ein einziges Stück Reservekleidung. Trotzdem hatte er weder Skorbut bekommen noch jemals über die Maßen gestunken. Später war er Sozialarbeiter geworden und ganz und gar durchschnittlich.

Er suchte mit dem Taschenfernglas die umliegenden Gipfel ab, den Grat unmittelbar vor ihm und das Rosskar, das ihm südöstlich zu Füßen lag. Nichts. Er hatte das Glas von Elvira bekommen. Geburtstag oder Weihnachten, er wusste es nicht mehr. Es war jedenfalls ein Swarovski Habicht; qualitätsmäßig war sie auch damals schon kein Risiko eingegangen. Jetzt saß sie vermutlich über dem siebzehnten oder neunundzwanzigsten Kapitel ihrer Habilitationsschrift ‹Empirievermeidung und Neoliberalismus› und trieb Noam Chomskys Zitationsquoten in die Höhe. Durch ein Fernglas hatte sie mit Sicherheit schon längere Zeit nicht geschaut. Für einen Augenblick hatte er die Vorstellung, sie komme auf ihn zu, sommersprossig und strahlend, winke mit einem Packen Papier und bitte ihn, ihre Arbeit zu lesen. Er wischte das Ganze jedoch rasch wieder beiseite.

Sollten sie sich tatsächlich von der Südseite nähern, mussten sie eine Menge Seilmaterial dabei haben, eventuell sogar ein, zwei Stahlseilrollen. Nur so war es theoretisch denkbar, ihn von oben zu erwischen. Vielleicht rückten sie mit Motorschlitten an, so weit es ging, oder mit einem kleinen Pistengerät. Er setzte das Fernglas ab und horchte. Nichts. Widmann behauptete unter Garantie, im Bedarfsfall ein Pistengerät steuern zu können.

Oben auf der Dachlschneide war der Schnee windgepresst und von einer glasigen Eishaut überzogen. Er gurtete sich die Steigeisen an die Schuhe, obwohl sie auf die roten Lowa nicht wirklich gut passten. Aber er hatte keine Lust auf irgendwelche Rutschpartien.

Er ging den mäßig ansteigenden, asymmetrischen First des Dachls entlang bis zu seinem höchsten Punkt. Rechts von ihm fiel die Wand sechshundert Meter senkrecht ab. Links neigte sich die riesige, vielfach zerfurchte Felsplatte in einem Winkel von gut vierzig Grad. Bei jedem Schritt hinterließ er zehn Löcher im Schnee. Jenseits kletterte er eine niedrige Felsstufe hinab auf die ‹Hochschütt›, ein winziges, nach Süden ansteigendes Kar. Er querte es schräg nach links zum Fuß des Hochtor-Gipfelaufbaus. Im Zickzack stieg er über bequeme Bänder nach oben. Ab und zu hatte er sich durch angewehten Schnee zu graben. Er war gut durchwärmt, daher machte es ihm nichts aus. Die U-förmige Scharte. Einige Meter auf dem markierten Normalweg. Der Gipfel.
Er blickte sich um. Nirgendwo frische Spuren. Er öffnete die grau lackierte Blechbox am Kreuz und zog das Buch heraus. Ein Bleistift und ein blauer Bic-Kugelschreiber lagen darin. Das Pärchen aus Salzburg hatte sich eingetragen: ‹Sechzehnter Jänner. Nordwand, Pfannlweg. Der Wulst in dünnes Wassereis gepackt. Auf dem Gipfel minimales Schneegraupeln.› Sie waren also nicht tot. Zwei Tage später ein Trio aus Eisenerz: ‹Ostgrat. Temperaturen wie im April. Aussicht schlecht.› Danach folgte nichts mehr. Er steckte das Buch in die Box zurück, holte den kleinen Packen mit dem Biwaksack aus dem Rucksack und setzte sich drauf.
‹Temperaturen wie im Winter›, dachte er. Im Westen sah er den Dreizack des Reichensteins, dahinter, über dem Einschnitt des Ennstals, den Grimming, ganz draußen die Eisfelder des Dachsteins. ‹Wenn man oben auf dem Donauturm steht, kann es sein, dass die Welt hundert Kilometer groß ist.› Das war einer der ersten Sätze des Mädchens gewesen. Ein Hausübungsheft mit türkisfarbenem Schutzumschlag.

Er trank Tee und biss vorsichtig winzige Stücke von einem hartgefrorenen Schokoriegel. Seine Schneidezähne waren kälteempfindlich. Außerdem irritierte ihn die Lücke rechts oben nach wie vor.

Zu beiden Seiten der Sonne standen Nebensonnen am Himmel. Ihr Licht wurde durch die Eiskristalle der Luft in die Spektralfarben zerlegt. Lieber Herr Kollege Drosch, wie erklären Sie sich, dass seit heute früh drei Sonnen am Himmel stehen und nicht nur eine wie üblich? Er stellte sich vor, wie Drosch zu stammeln beginnen würde, um sich dann mit einer ‹Wisst ihr, wie viele Nebensonnen man in den chilenischen Anden manchmal sehen kann?› – Geschichte aus der Affäre zu ziehen. Dabei würde er ständig am Kragen seines Hemds zupfen.

Als er den Blick senkte, sah er den Mann. Er glaubte erst an ein Blendungsphänomen mit negativem Nachbild der Sonne und rieb sich die Augen. Der schwarze Punkt blieb bestehen, tief unten, inmitten des weiten Kars, das sich in südwestlicher Richtung zwischen Hochtor und Festkogel erstreckte. Er legte den Schokoriegel zur Seite und schaute genauer hin. Der Punkt bewegte sich aufwärts, langsam und abgehackt zwar, aber er bewegte sich. Er griff zum Fernglas.

Für einen Moment dachte er an Elvira. Sie als Vorhut; das war zwar absurd, aber wer wusste schon, was sie ihr alles erzählt hatten? Nausch hatte sich vermutlich vor ihr aufgepflanzt und so was gesagt wie: «Ihr Mann hat uns völlig im Dunkeln gelassen. Selbst bei den Supplierplänen haben wir improvisieren müssen!» Bei den Ps und Ts spuckte Nausch – bis zu drei Meter weit, wie Kurkowski gelegentlich behauptete. «Ex-Mann», hatte Elvira mit Sicherheit geantwortet, «Sie wollten sagen: mein ExMann.» Sie schickten Elvira vor-

neweg und sammelten sich inzwischen im hinteren Johnsbachtal. Die Repkas würden ihr als Erste folgen, jede Menge Glykogenreserven in den Muskeln, dann das Pistengerät mit der Ausrüstung, mehrere Motorschlitten, die Rothenberg auf einem von ihnen, im Gesicht eine Mischung aus Angst und Gier.
Es war ein Mann mit dunkelblauem Stirnband, grauem Pullover und violettem Rucksack. Der Statur nach war es am ehesten Widmann oder Prechtl. Ungewohnte Kleidung konnte die Menschen allerdings völlig verändern. Er suchte die Umgebung sorgfältig ab, vor allem die Waldränder. Er fand niemanden sonst.
Er zog das Gewehr aus dem Rucksack und legte an. Durch das Tasco sah er, dass der Mann eine runde Gletscherbrille trug und rote Tourenschier benutzte. Obwohl die Route gespurt war, schien der Mann sich zu plagen. Vor allem bei den Spitzkehren hatte er eindeutig Schwierigkeiten. Er stellte den einen Schi zu wenig weit aus und brachte den anderen dann kaum um die Ecke. Ab und zu trank der Mann aus einer Feldflasche, die er am Gürtel hängen hatte, ab und zu blieb er auch einfach stehen und schaute in die Gegend. Er war offensichtlich länger und hagerer, als er ursprünglich gewirkt hatte, und trug einen schütteren Vollbart. Ein wenig glich er jenem Paul Mitterer, der damals bei Robert Faulers Tod dabei gewesen war. Der Mann hatte ein blaues Ortovox-Verschüttetensuchgerät umgeschnallt, das war deutlich zu sehen. Übervorsichtigkeit passte eher zu Widmann als zu Prechtl. Auch Paul Mitterer war manchmal ein wenig ängstlich gewesen. Was ihn allerdings schließlich in die Nervenheilanstalt gebracht hatte, wusste niemand. Im Grunde war das alles nur ein Gerücht.

Er aß langsam den Schokoriegel auf. Die Sonne hatte ihn außen ein wenig angewärmt. Im Kern war er nach wie vor ein Block aus Honig- und Karamelleis.

Vielleicht hatte Widmann auch einen neuen Unterrichtspraktikanten zugeteilt bekommen, den er jetzt voranschickte, einen hoffnungsvollen jungen Streber, der eine Leidenschaft für die Analyse von Altschneeflächen unter botanischen Gesichtspunkten besaß. Ein Sklave und Spurensucher. Pollen, Sporen, Samenkörner und so fort.

Er griff in die Deckeltasche des Rucksackes und holte die Munitionsschachtel heraus. 7 Millimeter Weatherby Magnum, sein Lieblingsgeschoss, unspektakulär und präzise. Die Schachtel war nicht mehr ganz voll, daher etwas zerquetscht. Er öffnete das Magazin des Gewehres, schob drei Patronen ein und klappte es wieder zu.

Der Mann nahm das Stirnband ab und steckte es in die Gesäßtasche seiner Hose. Hinter seinem rechten Ohr tat sich eine kleine haarfreie Zone auf. Der Knochen hinter dem Ohr mochte eine Spur dicker sein als das Stirnbein. Widmann hätte darüber ohne Zweifel genaue Auskunft geben können. Sie waren auf die Dreiherrenspitze im Großvenedigergebiet gestiegen und im Überschwang ihrer jungen Beziehung auf den Schuhen durch eine steile Firnrinne abgefahren, er voran, Elvira hintennach. Sie hatte nur einen winzigen Laut von sich gegeben, als sie durch den Schlag eines Eisbrockens gestürzt war. Er hatte sich ihr entgegengeworfen, um ihr Rutschen zu bremsen, und war prompt von den Füßen gefegt worden. Er hörte noch jenes kurze trockene Knirschen, mit dem ihr schwerer Hochtourenschuh gegen seine Schläfe krachte, und er fühlte einen Rest der Überraschung, als ihm klar wurde, dass tatsächlich erst das Geröll ganz unten ihren

Fall bremsen würde. Der Schmerz in seinem Kopf war erst Stunden später gekommen, gemeinsam mit dem Brechreiz. Der Radiologe im Lienzer Krankenhaus hatte ihm auf dem Röntgenbild die feine Bruchlinie in seiner rechten Schläfenbeinschuppe gezeigt. Der Unfallchirurg hatte gesagt, außer Bettruhe könne man nichts machen; daher war er augenblicklich gegen Revers nach Hause gegangen. Elvira hatte gesagt, er sei ein Trottel und treibe Schindluder mit seiner Gesundheit. Eine Schläfenbeinschuppe sei schließlich kein Oberschenkelknochen und der Kopf überhaupt ein anderes Anhängsel als das Bein. Andererseits hatte sie trotz ihrer eigenen prachtvollen Abschürfungen offenbar heftige Schuldgefühle gehabt und ihm eine Flasche fünfzehnjährigen Lagavulin geschenkt. So oder so waren die Folgewochen ziemlich geschlechtsverkehrsfrei verlaufen.

Die westliche Spur war jene, die zum Festkogel führte. Sie zog sich unmittelbar die Schneekarturm-Wände entlang, steil und schnörkellos. Das schien dem Mann eher entgegenzukommen als die Spitzkehren von vorhin. Er hatte wieder einen Rhythmus gefunden und musste nicht mehr so oft Halt machen. Er arbeitete kräftig mit den Armen. Seine Beine waren ausgesprochen dünn. Die Kniescheiben standen deutlich vor. Er schätzte die Entfernung auf fünfhundert Meter, vielleicht eine Spur mehr. Die Sicht war ausgezeichnet. Es war nach wie vor windstill.

Das Knie. Der Außenknöchel, darüber die Kunststoffschale eines Schitourenschuhs. Der rechte Ellbogen. Die haarfreie Stelle hinter dem Ohr. Ein Punkt neben der Spitze des linken Schulterblattes, zwei Fingerbreit zur Mitte hin. Der Mann hatte den Rucksack noch nicht abgenommen.

Im Gipfelbuch fand er zwei seiner eigenen Eintragungen.

Die eine war vom September des letzten Jahres. Nachdem sie die Verschneidung fertig präpariert gehabt hatten, waren Bernhard Weiser und er über den ‹Husarenritt›-Anstieg durch die Dachl-Nordwestwand geklettert. ‹Schon in der Einstiegsseillänge zwei Flüge, daher nix mit Rotpunkt›, hatte Bernhard geschrieben. Er war einer dieser durch und durch ehrlichen Menschen. Der zweite Eintrag stammte von den vorletzten Ostern. Er hatte erst die Idee gehabt, die Raab-Schöny einzuladen, war aber dann doch allein gegangen. Ostgrat hinauf, mit den Firngleitern durch die Südwestflanke hinunter. Bei der Abfahrt war er einem Schneehuhn begegnet, daran konnte er sich erinnern. Es standen nur das Datum und sein Name da, sonst nichts.

Der Mann hatte das Schidepot erreicht, einen flachen Gratsattel vor dem felsigen Aufschwung der Festkogel-Spitze. Er schnallte ab, versorgte die Felle, steckte die Schier mit den Enden in den Schnee. Er wirkte jetzt total frisch. Ihm selbst war diese spezielle Art der Dynamisierung vertraut, die sich einstellte, sobald man das Ziel in Reichweite hatte. Der Mann zog den Pullover aus und steckte ihn in den Rucksack. Dann nahm er die letzten fünfzig Meter in Angriff, eine enge, mittelsteile Rinne. Er kam flott voran. Es schienen perfekt ausgetretene Stufen vorhanden zu sein. Er stellte den Nacken des Mannes ein und blieb drauf. Fast wie der Punkt zwischen den Augen, dachte er.

Bernhard Weiser hatte wiederholt gesagt, das mit dem Schießen verstehe er nicht, schon gar nicht bei jemandem, der beruflich ständig mit Kindern zu tun habe. «Genau deswegen», hatte er ihm geantwortet, und das war es auch schon gewesen. Der Mann setzte sich oben auf dem Gipfel nur ganz kurz hin. Er schien eine Kleinigkeit zu essen, gleich darauf stieg er wieder ab. Beim Schidepot schlüpfte er in eine blaue Jacke mit schwarzem Schulterteil. Außerdem veränderte er etwas an der Länge seiner Stöcke, bevor er losfuhr. Er zog die ersten Schwünge extrem vorsichtig. Obwohl unter der herrschenden Sonneneinstrahlung der Schnee an der Oberfläche längst aufgefirnt sein musste. Knapp vor jener Stelle, an der das Kar begann sich von Osten nach Süden zu drehen, hatte der Mann einen Absitzer. Er streckte alle viere von sich und blieb eine Weile liegen. Danach lief es etwas flüssiger. Es gelang ihm eine Reihe recht schöner Kurzschwünge. Schließlich verschwand er hinter einer Geländestufe.

Er nahm das Zielfernrohr ab und verstaute es mitsamt dem Gewehr im Rucksack. Das Gipfelbuch steckte er dazu. Für eine Sekunde hatte er das Staunen eines Menschen vor Augen, der alleine in einem Hochgebirgskar dem Tod begegnet.

Die beiden Nebensonnen waren verschwunden. Draußen im Westen, über dem Dachstein und den Niederen Tauern, hatte der Himmel begonnen, eine graugrüne Farbe anzunehmen.

In den eigenen Spuren zurückzugehen hatte für ihn von jeher etwas Trauriges gehabt. Max kam ihm in den Sinn und solch sentimentales Zeug wie die Tatsache, dass er in diesem Winter mit ihm noch keinen Schneemann gebaut hatte; sein Vater kam ihm in den Sinn mitsamt seinen Fußböden und Elvira, die am Morgen immer ein wenig duftete wie ein frischer Heuschober. Das Mädchen kam ihm in den Sinn, Widmann, Frey, Otto Werner, von dem man ab und zu etwas haben konnte, Nausch, wie er mit eckigen Bewegungen in einen seiner VW-Käfer stieg, die Rothenberg und der Satz:

‹Endgültig vom Schlage getroffen, stürzte sie rücklings in den Abgrund.› Die Finger seiner rechten Hand waren kalt geworden. Er ließ den Arm kreisen.

Während er die Hochschütt überquerte, hörte er mehrere Male ein klopfendes Geräusch. Er blickte sich um, konnte es nicht zuordnen und ging weiter. Er kletterte die kurze Strecke zur Dachlkuppe empor. Auf den letzten Metern war das Klopfen wieder da, diesmal ganz nahe. Er wandte den Kopf nach links und sah den Raben. Der Vogel stand in einer Entfernung von vielleicht zwanzig Metern über dem Abgrund in der Luft und schaute ihn an. Er winkte ihm zu. Der Vogel legte die Flügel an den Körper, fiel lotrecht in die Tiefe, verschwand hinter der Abbruchkante und erschien wenige Augenblicke später wieder, von einem Schwall Aufwind getragen. Dasselbe wiederholte sich mehrere Male. Er kam sich verspottet vor und kümmerte sich nicht mehr um das Tier.

Der erste Haken der Abseilpiste steckte am Fuß des Rosskuppen-Aufbaus tief in einem etwa handbreiten Riss. Er musste ihn vom Eis befreien, bevor er das Seil durch die Schlaufe ziehen konnte. Seilenden verknoten, abwerfen. Er liebte den Moment, in dem das Seilbündel horizontal wegflog und sich in der Luft vor ihm in einzelne Schlingen auflöste. Er liebte das Pfeifen, wenn das Seil nach unten sauste, und er liebte am Ende das satte Klatschen gegen den Fels. Er hängte die Abseilbremse in den Hüftgurt, fädelte den einen Seilstrang ein, klappte das Ding zu, kontrollierte den Karabiner, und ab ging die Post. Am Ende der zweiten zwanzig Meter machte er eine Pause, um die Arme durchzubewegen. Seine rechte Hand war nach wie vor eiskalt. Das machte ihm ein wenig Sorgen.

Nach fünfeinhalb Abseillängen kam er auf einem halbwegs bequemen Plätzchen an der rechten Trichterkante zu stehen. Er zog das Seil ab, schoss es auf, packte es ein und kletterte entlang einer abfallenden Hangelleiste ins Trichterinnere. Er erreichte von schräg oben den würfelförmigen Block. Jenseits hinab, Einsenkung, Nische, Durchschlupf.
Zuallererst trat er vor zum Spalt und hielt Ausschau. Niemand. Die Hüttenumgebung kontrollierte er besonders genau. Er fand keine Spuren außer seine eigenen. Am Himmel zogen zarte weiße Schleier auf. Er schmolz Schnee und brachte das Wasser zum Kochen. Mit einem Teil füllte er seine Thermosflasche, nachdem er drei Teebeutel in ihr versenkt hatte. Aus dem Rest machte er Leberreissuppe. Er legte die beiden aufgerollten Seile übereinander und setzte sich drauf. Während die Suppe aufwallte, schlüpfte er aus den Schuhen und knetete seine Zehen durch. Er erinnerte sich an jenen Winter, an dessen Ende seine Mutter plötzlich draufgekommen war, dass er keine hohen Schuhe besaß. Er hatte innerlich triumphiert, und ihr war es vermutlich egal gewesen. Erst viele Jahre danach hatte er manchmal jene Kinder beneidet, deren Eltern sie ständig mit ihren Ängsten vor dem Verhungern oder Erfrieren nervten.
Er löffelte bedächtig die Suppe und schlug daneben das Gipfelbuch auf. Für die Zettel, die er sonst bei sich hatte, würde immer noch Zeit sein. Außerdem kannte er sie ziemlich auswendig. Das Buch begann mit Pfingsten vor drei Jahren. Eine Jugendgruppe des Alpenvereins Rottenmann, Hüttennächtigung, Normalweg hin und retour. Zeichnungen von Blumen und Murmeltieren. ‹Wetter sensationell.› Dreimal unterstrichen, elf Rufzeichen. Mehrere Menschen aus Steyr, eine kleine Gruppe aus Wien. Ein Admonter Bergführer mit

zwei Gästen aus Köln. Ein Mann, eine Frau. Nordwand, Jahn-Zimmer-Weg. Ohne Kommentar. Zwei Männer aus Graz, keine Routenangabe. Im Anschluss daran eine Pause von drei Wochen. Schlechtwetter. Er merkte, wie er plötzlich Angst davor bekam, auf Elviras Namen zu stoßen. Rational betrachtet war das natürlich Unsinn; sie hatte nach ihrer Trennung keinen Fuß mehr in die Berge gesetzt. Trotzdem legte er das Buch zur Seite. Er aß die festen Bestandteile aus der Suppe und leerte den Rest weg. Seine Finger fühlten sich wieder halbwegs normal an. Insgesamt war ihm allerdings flau. Mit dem Knie schien es nichts zu tun zu haben. Er nahm zwei Parkemed und trank mehrere Verschlusskappen Jameson aus dem Flachmann.

Viel später nahm er schemenhaft wahr, dass sich der Rabe auf seinem Nest niedergelassen hatte.

Donnerstag

Es wird Winter. In den Fünf-Uhr-Nachrichten haben sie gesagt, dass die Temperaturen schon unter null gefallen sind. Demnächst soll auch Schnee kommen. Ich erzähle Ratajczyk davon. Stadtkatzen kommen fast nie in den Schnee hinaus. Es sei denn, sie wohnen mit Balkon oder Dachterrasse wie er. Ich erzähle Ratajczyk auch von den Seehunden, von ihrer Wärmeregulation, von der Speckschicht und von den Blutgefäßen in der Unterhaut, die im Bedarfsfall auf eng gestellt werden. Ich erzähle ihm schließlich, wie manche Robben schlafen, senkrecht im eiskalten Wasser hängend, nur die Nase an der Luft. «Manchmal ist das eiskalte Wasser wärmer als alles Übrige», sage ich. Er fährt die Krallen aus und versteht so wenig wie immer.
Das Badezimmer hat kein Fenster ins Freie, daher ist es momentan der wärmste Raum der Wohnung. Das Getöse des Heizlüfters. Das Wasser in der Dusche ist anfangs zirka wie für Seehunde. Ich drehe den Regler auf sechsunddreißig Grad. Langsam wird es wärmer. Ein Händchen Duschbad ergibt eine Kabine voll Schaum. Ich pinkle. Unter der Dusche geht das oft nicht anders. Ich stelle mir vor, wie der Harnstrahl einen Tunnel in den Schaum bohrt. Dann schicke ich eine Miniatur-U-Bahn durch. Sie verschwindet im

Abfluss. Meine Blase ist leer. Der Tunnel schließt sich wieder. Achtunddreißig, vierzig. Ich habe keine Ahnung, was die Blutgefäße meiner Haut in der Wärme machen, ich weiß nur, dass es sich gut anfühlt, ganz offen mit einem kleinen Brennen. Der Speicher hat hundertfünfzig Liter, das ist mehr, als es scheint. Selbst wenn man es ziemlich kochend haben möchte, dauert es eine Viertelstunde, bis es nur noch kalt kommt. Das weiß ich seit einigen Tagen. Ich schlüpfe in meine Kleider: die grauen Thermojeans, das weiße ‹No Problem›-T-Shirt, den dunkelblauen Strickrolli. Ich ziehe den hellgrünen Bademantel mit dem weißen Rankenmuster darüber. Das sieht zwar ein wenig komisch aus, aber in der Küche war das Fenster von halb zwei Uhr früh bis vor zwanzig Minuten gekippt.

Ich wärme die Milch mit den Choco-Pops im Mikro nach, was zur Folge hat, dass die Dinger die gesamte Flüssigkeit wegtrinken und quellen wie kleine Monster. Ich esse sie trotzdem. Das einzige Ei, das noch da ist, schlage ich dem Kater in seine Schüssel. Er liebt mich dafür. Katzen können angeblich siebzehn oder achtzehn Jahre alt werden. Sie sterben meistens an Altersschwäche. Auf dem Land ist das anders. Ich mache mir noch eine heiße Vitaminbrause. Nicht, dass ich mich krank fühle. Manchmal gibt so etwas einfach Sicherheit. Ich esse dazu eine Scheibe Toast mit Butter und Weichselmarmelade. Einkaufszettel, mittelblau. Milch, Toastbrot, Eier, Speck. Ich werfe einen Blick auf den Stundenplan, der mit Tixo-Streifen innen an die Küchentür geklebt ist. Ich packe das schwarze Schwimmtrikot mit den schrägen weißen Streifen und ein auberginefarbenes Handtuch ein, das Wörterbuch sowieso. Rasch gehe ich noch durch alle Räume, in der einen Hand den Sandelholzspray, in der anderen TUS macht Schluss. Der Ungeziefervernichter spuckt ab dem vorletzten Zimmer nur mehr Luft. Ein Jammer.

Der Boden vor dem Haus ist glatt, nicht direkt eisig, aber so, dass ich mit meinen abgetretenen Sohlen aufpassen muss. Ich halte mich anfangs eng an die Wände der Häuser. Die Morgendunkelheit wirkt an manchen Tagen so, als könnte sie stundenlang dauern. Dabei erkennt man nicht einmal, ob Wolken am Himmel sind oder nicht. Ich verzichte auf die Straßenbahn und gehe zu Fuß hinauf bis zum Gürtel. Ich sehe nur wenige Menschen. Sie ziehen alle den Kopf ein und mögen den Wind nicht. Keiner würde meinen Umweg verstehen. Ich habe endlos Zeit. Noch dazu fällt in der ersten Stunde Deutsch aus.

Die Treppen in der Station Spittelau sind eine Spur zu steil. Simone sagt zwar, ich spinne und wie für alles gebe es für die Treppenneigung in U-Bahn-Stationen mit Sicherheit eine Norm, daher könne man davon ausgehen, dass alle Treppen in allen U-Bahn-Stationen dieselbe Neigung haben. Ich wette, das ist nicht so. Die Treppen hier sind die einzigen, die ich nicht blind hinabsteigen kann. Ein dünner junger Mann möchte offenbar hinauf, gelangt aber nur bis vor die unterste Stufe. Er schwankt wild hin und her. Es sieht aus, als würde er gegen eine gläserne Wand prallen. Der Mann trägt eine bunte Strickmütze, die ihm viel zu groß ist. Im Vorbeigehen sehe ich, dass er als Piercing eine Büroklammer im rechten Nasenflügel stecken hat. «Blutvergiftung», sage ich, «von so was bekommt man Blutvergiftung.» Ich glaube, er hört mich nicht einmal. «Die Striche bis zum Herzen», sage ich, «wenn die roten Striche der Blutvergiftung bis zum Herzen gehen, bist du tot.» Ich sage es ganz laut. Am frühen Morgen ist das, als spräche ich eine kleine Höhle in die halbgefrorene Welt hinein. Vielleicht hat das etwas mit warmen Schallwellen zu tun, die ich aussende und die dann zu mir zurückkehren. Warme Schallwellen – Werner würde alle möglichen Ausnahmezustände bekommen, rein physikalische Ausnahmezustände, versteht sich, aber ich kann es nicht anders ausdrücken. Außerdem ist er nicht da. Ich sage noch etwas über Blutvergiftung und ungesunde Hautfarbe. Eine große Frau mit ballonförmigem Rumpf sieht mich misstrauisch an, dann fährt der Zug ein.

Um diese Zeit stinkt es in der U-Bahn noch nicht. Man kann die Augen schließen und sich irgendetwas vorstellen und ist nicht automatisch durch Schweißfüße oder Pommes frites abgelenkt. Die Haut ist das größte Organ des Menschen. Sie wiegt abgezogen garantiert einige Kilo, je nachdem, wie viel man vom Unterhautgewebe dazunimmt. Wie stirbt ein Ministerialbeamter? Schwedenplatz. Zwei Sanitäter in roten Jacken steigen ein. «Vielleicht ist ihr Rettungsauto aufblasbar und sie tragen es im Sack mit sich», würde Gert in so einer Situation sagen. Die beiden sprechen kaum miteinander. Ich kann mich an diesen gemalten Menschen erinnern, der dasteht und die eigene Haut in der Hand hält. Auf welchem Bild ich es gesehen habe, weiß ich nicht mehr.

Karlsplatz. Der Mann im kurzen lila Mantel über dem langen beigen Mantel, der ausschließlich Rotwein aus dem Tetrapack trinkt, liegt mit dem Rücken zu den Geleisen auf seiner Bank. Ob er schläft, sieht man nicht. Das erste Mal ist er mir im November aufgefallen, als ich einmal von der Schule nicht direkt nach Hause gefahren bin. ‹Ich lache, denk ich an früher zurück, an all den Jammer und all die Not.› Den Aufsatz habe ich in der Tasche. Er ist fertig, obwohl er das heute noch nicht sein müsste. Ich bin zu dem Schluss gekommen, dass es mit ziemlicher Wahrscheinlichkeit der Weihnachtsabend ist, an dem der Edinburger Zug in den Grund hineinfährt. Manche Dinge passieren einfach am Weihnachtsabend, auch wenn das dann anscheinend nur noch mit Kitsch zu tun hat.

Ich sitze da und höre mir die Durchsagen all dieser unnötigen Namen an: Pilgramgasse, Margaretengürtel, Meidling Hauptstraße und so fort. In der Station Braunschweiggasse setzt sich ein Mann in einer ziemlich verdreckten schwarzen Stoffhose neben mich, obwohl ringsherum unendlich viele Plätze frei sind. Ich stehe auf und wechsle in Unter St. Veit den Waggon. Ich habe mir den Mann nicht einmal angesehen.

In Hütteldorf durchquere ich das Bahnhofsgebäude und trete auf den Vorplatz hinaus. Das hat zwar keinen tieferen Sinn, aber ich tue es trotzdem, sooft ich hierher komme. Die Straßenlaternen kriegen kein Licht zusammen. Der Himmel existiert nicht. Auf dem Parkplatz werden zwei Leute in Rollstühlen in einen Behindertenbus verladen. Wheelchair. Meals on wheels. Eine Querschnittslähmung erleidet man, wenn man aus großer Höhe stürzt und knapp nicht stirbt. Annette hat so was wie eine Querschnittslähmung, um neunzig Grad gedreht. Ein weißes Auto hupt, weil die Hebebühne klemmt und das Einladen etwas länger dauert. Der Fahrer des Behindertenbusses zeigt dem Fahrer des weißen Autos den Mittelfinger. Der Fahrer des weißen Autos lässt das Fenster runter und brüllt irgendwas von unnützen Krüppeln. Ich drehe mich um und gehe.

Einer dieser Pendlerzüge ist eben angekommen, daher ist die U-Bahn auf der Rückfahrt relativ voll. Ich setze mich neben eine rotblonde Frau in hellgrauem Steppmantel. Sie isst ein Mini-Baguette mit Schinken und Salatblättern und macht auch sonst einen unverdächtigen Eindruck. U-Bahn heißt ‹subway› oder ‹underground›, Schinken heißt ‹ham›, Salatblatt heißt ‹leaf of salad›. Mini-Baguette gibt es nicht. Ich schätze, Mini-Baguette heißt ganz einfach ‹mini-baguette›.

Man sollte an der Bodenplatte dieses weißen Autos eine kleine Bombe montieren, magnetisch oder wie auch immer. Mit dem Starten wird sie zur Explosion gebracht und reißt dem Fahrer beide Beine ab, zirka zehn Zentimeter unter dem Knie. Einige Zeit später, als sicher ist, dass er die Sache überlebt, darf der Mann auch wieder besucht werden. Unter anderem kommt Annette ins Spital. Sie fährt auf ihrem Rollstuhl an den Rand des Bettes, gestikuliert ein wenig mit dem linken Arm, zieht den linken Mundwinkel hoch und brabbelt etwas, das keiner versteht. Nur dem Mann selbst ist sofort klar, dass es ‹Willkommen im Club› bedeutet.

Zwischen Hietzing und Schönbrunn kommt es zu einer Betriebsstörung. Nach fünf Minuten werden die Leute nervös. Die Frau neben mir knüllt das Papier, in das ihr Frühstück gewickelt war, zusammen und steckt es ein. «Bei mir fällt heute die erste Stunde aus», sage ich halblaut vor mich hin. «Bei mir nicht», sagt die Frau. Ich erschrecke. Ich habe nicht erwartet, dass sie reagiert. Sie grinst. «Was hättest du in der ersten Stunde?», fragt sie. «Chemie», antworte ich, «aber unsere Professorin war über Weihnachten im Sudan und hat sich dort eine rätselhafte Tropenerkrankung zugezogen.» «Im Sudan», sagt die Frau und schaut versonnen nach oben, «an den Quellen des Nil.» «Ich weiß nicht, in Geografie bin ich schlecht», sage ich. Der Zug fährt weiter. Die Leute atmen auf. Vor der Station Längenfeldgasse erhebt sich die Frau. «Ich habe Latein in der ersten Stunde», sagt sie. «Viel Glück», sage ich. Eine Lehrerin, mich trifft der Schlag.

Am Kiosk in der Station Schottenring kaufe ich mir eine kleine Packung Sportgummis. Reiner Gusto. Ich esse sie sofort auf.

Ich habe mich ein wenig verschätzt beziehungsweise die U-Bahn-Störung nicht eingeplant. Es ist vier Minuten nach Beginn der zweiten Stunde, als ich die Schule betrete. Die Garderobe ist leer. Ich stoße je einen von Susannes und Reginas Schuhen vom Rost, um die meinen hinstellen zu können.

Lilly Bogner trägt einen hüftlangen dunkelroten Cordblazer plus ihre mattschwarze Lederhose plus schwarze Stiefeletten, die mir bekannt vorkommen. «U-Bahn-Störung», sage ich. Sie nickt nur.

«Du bist doch sonst immer pünktlich», zischt mir Susanne zu. Sie hat einen bunten Patchworkschal um den Hals gewunden und wirkt verschnupft. Der Schal ist ganz hübsch, der rostbraune Ripprolli wie erwartet. «Jemand hat sich vor die U-Bahn geworfen», sage ich. Sie schaut misstrauisch. «Hast du es selbst gesehen?» «Nein», sage ich, «aber es ist immer so, wenn sie sagen, ein Fahrgast ist erkrankt.» Sie scheint ernsthaft darüber nachzudenken. Es gibt eine Art von ernsthaftem Nachdenken, die gut zu rostbraunen Ripprollis passt und noch besser zu beigen Blusen mit zu großen Krägen.

Ich schiebe den Pons ins Bankfach. Lilly Bogner soll ihn nicht sehen.

Nini ist wieder da, Thomas Weibl auch. Nini sieht blass aus, vielleicht so, wie man sich vorstellt, dass ein riesiges Mädchen nach einem Schwangerschaftsabbruch aussieht. Weibl wirkt frisch und munter und glotzig. Das beruhigt. Stefanija fehlt.

Caroline ist dabei, den ersten Abschnitt der Hausaufgabe vorzulesen, ‹Oscar's cactus›, eine niederschmetternd kindische Übung mit Bildchen im Text und Leerstellen, die man mit den richtigen Wörtern füllen soll. Sie stammelt trotzdem wirr herum. Zum Beispiel fällt ihr nicht ein, welche Farbe auf Englisch mit einem Y beginnt. Yvonne schiebt ihr das gelb eingebundene Geografie-Buch hinüber und zeigt mit dem Finger drauf. Caroline kapiert es nicht. In solchen Momenten tut sie mir Leid. Sie sucht ständig jemanden, der sie mag. Alexandra darf fortfahren. «‹It's good that they don't know that Melric, the magician, is my best friend›, he says to himself and touches his cactus.» ‹The magic carrot› und ‹Superman› sind gleich dämlich. Alexandra bleibt sachlich. Kein Fehler, versteht sich. Gert schlägt die Hände vors Gesicht, regt sich aber auch nicht weiter auf. Ich schätze, er hat die Hausübung nicht gemacht – um die Achtung vor sich selbst nicht zu verlieren oder so ähnlich.

Die goldene Schnecke ist verschwunden. Die Bogner trägt ein glänzendes schwarzes Quadrat als Brosche auf dem Revers des Blazers, um den Hals gar nichts. Die Breitling liegt auf dem Schreibtisch.

Simone schreibt konzentriert etwas auf einen kleinen karierten Zettel. Ich glaube nicht, dass es mit Englisch zu tun hat. Sie hat ihr Haar links und rechts hochgesteckt und sieht dadurch strenger aus als sonst. Ich spreche sie nicht an.

Wir beschäftigen uns mit der Unterscheidung zwischen ‹some› und ‹any›. Das fällt niemandem sonderlich schwer und geht gut bis zu dem Satz ‹I didn't have any idea that the headmaster was one of the people from outer space›. Gert sagt laut: «Das hab ich immer schon gewusst», und Lilly Bogner fängt an zu lachen. Für maximal eine halbe Sekunde kämpft sie dagegen an, dann ist klar, dass sie keine Chance hat. Sie lehnt an der Tafel, was sicher zur Folge hat, dass ihr Cordblazer hinten total kreideversaut wird, greift sich mit der rechten Hand an die Nase und prustet sich weg. Die anderen haben die Sache mittlerweile begriffen. Zum Teil lachen sie mit, zum Teil ist es ihnen egal, in welchem Winkel des Weltraumes Nausch in Wahrheit zu Hause ist. Gert tut sein Bestes. «Die Autos des Direktors sind getarnte Raumschiffe!», brüllt er, «Nausch hat seine Reservegliedmaßen zu Hause im Kühlschrank hängen» und: «Nauschs Stirnauge ist hinter einem abzippbaren Hautimitat verborgen.» Christoph saust durch die Klasse und spielt den Außerirdischen. Er trägt ein türkisfarbenes Pflaster links neben der Nase. Das passt dazu. ‹A spaceship› ist ein Raumschiff, ‹sparkle› heißt Funke und ‹to flash› blitzen. Stirnauge heißt ‹front-eye›, aber das reime ich mir nur zusammen.

Ich stelle mir vor, wie die Bogner am gestrigen Abend mit ihrem Freund gestritten hat. Sie beschwert sich, dass er bei der Planung der gemeinsamen Küche praktische Gesichtspunkte viel zu wenig berücksichtigt hat, zum Beispiel, dass es links und rechts vom Herd keine vernünftige Arbeitsfläche gibt. Er sagt darauf, sie ist kleinlich und bieder und wenn man ein großer Architekt werden will, sind Quadratzentimeter Arbeitsfläche kein Kriterium. Sie brüllt ihn an: Auch ein großer Architekt möchte einmal etwas essen, oder?!, und wirft ihm den Stahlreifen mit der goldenen Schnecke hin: Und überhaupt, wenn sie so bieder ist, dann wäre doch eher eine Kette aus Schaumkorallenkügelchen angesagt!? Sie schlafen voneinander abgewandt und schweigen einander

beim Frühstück an. Die Bogner buttert ihr Brot mit heftigen Bewegungen und gibt sich irrtümlich einen Löffel Zucker zu viel in den Kaffee. Ihr Freund merkt es und grinst. Sie bohrt ihm eine glühende Nadel ins Fleisch, im Geiste.
‹The snail has gone›, schreibe ich auf die letzte Seite meines Vokabelheftes, ‹the snail has gone. The snail has gone.› Drei Mal.
«Kanovski, fang Bacher ein und bring ihn auf seinen Platz», sagt die Bogner, nachdem sie sich beruhigt hat. «Ich habe keine Macht über im All herumirrende UFOs», sagt Gert und tut es trotzdem. Nichts von ‹Bin ich Ihr Sklaventreiber?› oder ‹Ich lasse mich nicht dafür missbrauchen, Grundrechte in Frage zu stellen!› Christoph gibt einige außerirdische Töne von sich, während ihn Gert abführt, dann bleibt er hocken und hält den Mund.
Wir beginnen mit Unit 14, ‹The driver of the year›. Die Titelgeschichte ist ein Comic über ein Pferd namens Harry Horse, das bei einer Fahrlehrerin namens Henrietta Hippo seine ersten driving lessons nimmt. Es wird mit verteilten Rollen gelesen. Leo Schlemmer ist Harry Horse, Regina ist Henrietta Hippo und Thomas McNair alle übrigen Figuren. Ich blättere zu den neuen Vokabeln. ‹To lock oneself out› heißt sich aussperren, ‹fire brigade› heißt Feuerwehr, ‹mess› heißt Durcheinander, und ‹plenty more› heißt noch viel mehr.
Gert hebt die Hand. Es war nicht anders zu erwarten. «Muss ich mir diesen Schwachsinn wirklich anhören?», fragt er.
«Ja», sagt Lilly Bogner.
«So was ist eine persönliche Beleidigung.»
«Beschwere dich bei den Autoren des Buches oder beim Ministerium.»
«Das werde ich auch tun.»

Diskussion hin, Diskussion her. Schließlich stelzt Gert aus der Klasse, um sich von der Direktionssekretärin die Adresse des Unterrichtsministeriums zu holen. Das ändert nichts daran, dass Leo Schlemmer ein perfekt naturdummer Harry Horse ist und Regina eine mürrisch dahinnuschelnde Fahrlehrerin. Am Ende heiraten die beiden. Applaus. Pausenläuten. Keine Hausübung wegen der kommenden schulfreien Tage. ‹To burn› heißt verbrennen, ‹to smash› heißt zerschlagen, und ‹to cut› heißt zerschneiden.

Simone scheint mit ihrer Schreiberei fertig zu sein. «Was ist das?», frage ich. «Eine Checkliste für den Schiurlaub», sagt sie und hält mir den Zettel hin. ‹Discman› lese ich, ‹Schisocken, drei Paar› und ‹Moorhuhnkarten›. Ich frage nicht nach. Das Thema Semesterferien interessiert mich nicht.

«Ich habe deine Reifenhändler tot gemacht», sagt Simone und grinst. Alexandra, die neben ihr sitzt, hört es und schaut ein wenig erschrocken. «Es ist eine Art Spiel», beschwichtigt Simone sie. Ich sage gar nichts. Wir machen uns auf in Richtung Musikzimmer. Ich trage den Pons mit mir. Simone kommentiert es nicht. Alexandra geht fünf Schritte vor uns. «‹Furies› heißt Furien, und ‹snake› heißt Schlange», sage ich. «Zwei Reifenhändler sterben weder durch das eine noch durch das andere», sagt Simone.

«Sondern?»

Simone fasst mich am linken Oberarm und nötigt mich, stehen zu bleiben. Sie schaut mir die ganze Zeit ins Gesicht, während sie spricht. «Der eine der beiden, jener mit dem blonden Oberlippenbart, ist Ballonfahrer. Er lädt seinen Bruder zu einer Tour mit dem Heißluftballon ein. Sie steigen ziemlich hoch hinauf und gelangen in eine rasche Strömung, die sie an den Rand einer Gewitterzelle treibt. Zu ei-

nem Zeitpunkt, als sie die Gefahr noch gar nicht wirklich erkennen, schlägt ein Blitz in den Ballon ein und steckt ihn in Brand. Er flammt auf, die Gondel saust in die Tiefe, und die beiden zerschellen auf der Erde.»
«Sie zerschellen?»
«Vielleicht verbrennen sie auch oder gehen an einer Rauchgasvergiftung zugrunde.»
«Nein», sage ich, «sie zerschellen. Zerschellen ist ein wunderbares Wort.»
Yvonne und Caroline gehen vorbei. Sie trinken Sprite und ziehen eine Duftspur hinter sich her.
Im Musikzimmer riecht es muffig wie immer. Vielleicht hat es damit zu tun, dass es im Erdgeschoss liegt. Rechts an der Wand hängt ein neues großes Plakat. ‹Hair›, ein Musical. Ich denke nicht, dass das mit meiner Musik etwas gemeinsam hat. Nur das Wort kommt vor. Ein glatzköpfiger Schwarzer. Gewisse Leute halten das mit Sicherheit für originell.
Christoph stellt sich ans Klavier und beginnt hyperaktiv darauf herumzuklimpern. «Du weißt, Petrau reißt dir den Schädel ab, wenn er dich erwischt», sagt Dominik. Christoph lacht und haut mit allen zehn Fingern in die Tasten. Petrau hat sein Arbeitszimmer unmittelbar nebenan, eine winzige Kammer, die mit Noten und CDs voll gestopft ist. Die Gefahr des Schädelabreißens ist also ziemlich real. Christoph scheint es nicht zu kümmern, und er hört erst auf, als Thomas McNair, der zirka eineinhalbmal so groß und doppelt so breit ist wie er, ihn von hinten fest an den Schultern packt, sodass seine Arme für einige Zeit gelähmt sind. McNair setzt sich hin und spielt etwas, das ganz nett klingt und von dem er nachher behauptet, es sei der Anfang einer Originalnummer von einem gewissen Oscar Peterson, einem extrabe-

rühmten Jazz-Pianisten. «Üben, junger Mann, üben», sagt Petrau, der plötzlich in der Tür steht. McNair wird rot und klappt den Tastendeckel zu. Petrau öffnet ihn wieder, setzt sich ans Klavier und spielt das Ganze noch einmal, volle Länge und so, wie es sich gehört. «Sie waren eine Spur besser als McNair, Herr Professor», sagt Gert, applaudiert aber mit den anderen mit. Petrau geht nicht darauf ein und schreibt ‹Thelonius Monk› an die Tafel. Von diesem Herrn sei die Sache eigentlich, erklärt er, und Oscar Peterson habe des Öfteren Nummern von ihm gespielt. Thelonius – was denn das für ein komischer Name sei, fragt Meineck. Damian und Kryspin und Timotheus seien ebenso komische Namen, sagt Petrau, und für manche Menschen sicher auch Lukas, aber wenn er sich schon melde, dürfe er gleich wiederholen, was er sich aus der letzten Stunde über die Feuerwerksmusik von Händel gemerkt habe. Meineck dreht die Augen über und sinkt nach vorn auf die Tischplatte.
‹Monk› heißt Mönch, das weiß ich seit jetzt.
Petrau trägt einen Norwegerpulli, der schätzungsweise die Größe zweiundsiebzig oder fünf X vor dem Large hat. Sonst ist er eher ein Sakkotyp. Der Pullover ist wahrscheinlich ein Weihnachtsgeschenk. Petrau sieht darin jedenfalls aus wie der Kapitän von einem Walfänger und ganz und gar nicht wie jemand, dessen Finger auf Klaviertasten passen. Meineck weiß überhaupt nichts, Nini sagt, sie war krank und hat sich daher nichts anschauen können, und Christina presst genau drei Wörter hervor: «Uraufgeführt in London.» Simone hebt den Arm und rettet uns. Sogar die Tatsache, dass Händels Vater Arzt war, hat sie sich gemerkt. «Streberin», zischt Regina von hinten. Christoph Bacher zeigt ihr beide Mittelfinger. Das finde ich sehr mutig von ihm. Taste

heißt ‹key›. ‹Key› heißt auch Schlüssel und Tonart. Walfänger heißt ‹whaler›.

«Du hast Recht», sage ich zu Simone, «die Albrecht wird eines Tages umgebracht werden.» Sie zuckt nur mit den Schultern. «Wo, glaubst du, ist die Ivanescu?», fragt sie. Ich habe keine Sekunde darüber nachgedacht und zucke auch mit den Schultern. «Machst du dir Sorgen?», frage ich schließlich zurück. Sie sagt darauf gar nichts. Ich denke, Stefanija ist zu Hause, aber andererseits ist diese Antwort zu banal.

‹Grecian› heißt griechisch, ‹battle› heißt Schlacht, und ‹inglorious› heißt schmählich.

Petrau spielt wie aufgezogen. Nach jedem Stück applaudieren wir und rufen «Zugabe». Er fällt drauf rein, obwohl er sich ein paarmal darüber beschweren muss, dass das G eins beinahe einen Viertelton zu tief gestimmt ist. Zwischendurch erzählt er uns etwas über die Entwicklung des Klaviers, über Federkiele, Lederstreifen, filzbezogene Hämmerchen und andere Dinge, die sich kein Mensch merken kann außer vielleicht Simone und Alexandra. Am Ende spielt er nur noch aus dem ‹Wohltemperierten Klavier› von Bach, weil das neben Händel der wichtigste Barockkomponist ist. Ein paar Takte daraus schreibt er an die Tafel und freut sich, als Clemens Schmidt weiß, dass die Tonart ohne Vorzeichen C-Dur heißt.

«Glaubst du, die Ivanescu denkt daran, nach Rumänien zurückzugehen?», fragt Simone. Ich schüttle den Kopf. Wohltemperiert heißt ‹well-tempered›. Wenn Simone zu Stefanija ‹die Ivanescu› sagt, klingt das, als ob die beiden bei zwei verschiedenen Geheimdiensten wären.

Petrau beendet die Stunde einige Minuten vor dem Läuten. Das tut er ab und zu. Er begründet es mit unserem weiten Weg in die Klasse. Ich habe Hunger.

Bevor wir uns von den Plätzen erheben können, tritt Alexandra auf uns zu. Sie blickt nach links und rechts, anscheinend um sicherzugehen, dass kein anderer zuhört. «Ich glaube, es ist nicht richtig, andere zu töten», sagt sie, «auch nicht in Gedanken.» Danach dreht sie sich um und geht. «Wie eine Klosterschwester», sagt Simone. Zerschellen, denke ich, zerschellen, und habe einen Klang im Ohr.

Judith scheint endgültig die Farbe ihres Eisbärensweaters anzunehmen, im Gesicht, an den Händen, überall. Trotzdem lächelt sie, als sie uns sieht. Sie legt sich beide Hände auf die Brust und sagt: «Meine Eisbären, meine vielen Eisbären.» Ihr rechtes Auge zuckt, wie bei einem Tick. Ich nehme eine Wurstsemmel und eine Zimtschnecke, kein Getränk. «Geht es Ihnen wieder besser, Fräulein Judith?», frage ich. Sie schaut an die Wand hinter uns. «Nein», sagt sie, «wieder besser geht es nicht.» Simone rammt mir das Knie hinten in den Oberschenkel. «Lass sie in Ruhe!», zischt sie. «Reg dich ab», sage ich.

Vor der Klasse gibt es Tumult. Ich tippe auf Regina und Christoph. Die beiden Mittelfinger im Musikzimmer können auf längere Sicht nicht ohne Konsequenz bleiben. Ich beiße in die Wurstsemmel. Wieder die falsche Essiggurke. Die Firma Sticksi scheint in Konkurs gegangen zu sein. Lautes Gebrüll. Ich habe mich geirrt. Regina ja, Christoph nein. Leo Schlemmer wird von Gert und Dominik daran gehindert, Amok zu laufen. Regina hat ihm mitten auf dem Gang eine geknallt, weil er zu ihr «meine Nilpferdfrau» gesagt hat. Susanne erzählt die Szene mindestens drei Mal. Sie zerknüllt dabei begeistert ihren Patchworkschal. Regina setzt sich in der Klasse seelenruhig auf ihren Platz, zieht das Handy aus der Tasche und ruft jemanden an. Simone macht den Eindruck, als würde sie über irgendwelche todbringenden Medikamente nachdenken. ‹Battle› heißt Schlacht, und ‹to smash› heißt zerschlagen.

Der Böse Onkel ist eindeutig überfordert. Die Frisur löst sich links vorne auf, und die Hose ist auf beiden Seiten verbügelt. Doppelte Falte vom Knie aufwärts. Schweißflecken unter den Achseln hat er sowieso immer. Er liest von einem Zettel ab wie zuletzt: «Professor Schneider ist nach wie vor krank. Morgen entfällt für die Zweite B-Klasse daher die Deutschstunde. Stattdessen wird in der dritten Stunde Biologie sein. Biologie in der fünften Stunde entfällt dafür. Professor Widmann wird für die Zweite B-Klasse auch die Verteilung der Semesterzeugnisse vornehmen.» – «Falls er da ist.» Das kommt von der Aigner, die in diesem Moment die Klasse betritt. Sie trägt ein neues Kostüm aus einem dicken ockerfarbenen Wollstoff. Der Böse Onkel schaut zu ihr hin, dann in die Klasse, dann wieder zu ihr. «Was heißt ‹Falls er da ist›?», fragt er schließlich. «Auch der Herr Kollege Widmann ist heute nicht anwesend», sagt die Aigner, «aber das wissen Sie, Herr Kirchner.» «Ja, das weiß ich», sagt der Böse Onkel. Warum er die Verlautbarungen übernommen hat und nicht Blacky, sein Bruder, der zirka doppelt so intelligent ist, weiß keiner. «Was geschieht, wenn Professor Widmann morgen auch nicht da ist?», fragt Dominik. Der Böse Onkel weiß keine Antwort. Die Schweißflecken werden größer. «Dann verweigern wir die Entgegennahme der Zeugnisse», sagt Gert, «wenn sowohl der Klassenvorstand als auch sein Stellvertreter ausfallen, gibt's keine Zeugnisverteilung. Das ist wie bei Gericht. Ohne Richter läuft nix.» «Läuft nix läuft nix läuft nix», tönt Christoph wie ein Mehrfachecho. «Herr Kirchner, ich glaube, es ist alles klar», sagt die Aigner und schiebt den Schulwart aus der Klasse.

Irgendetwas ist passiert. Die Aigner wirkt gegenüber vorgestern völlig gelöst. Dazu noch dieses sonnige Kostüm. «Vielleicht ist ihre Frühpensionierung bewilligt worden», sagt Simone.
Die Aigner holt eine schwarze A5-Ringmappe aus der Tasche und beginnt die Semesternoten vorzulesen. Christoph und Regina bekommen eine Vier und sind damit die Schlechtesten in der Klasse. Regina setzt die Ohrhörer ihres Discmans auf und reagiert sonst gar nicht. Christoph ist sowieso mit jeder positiven Note zufrieden. Gert findet die Drei für Leo Schlemmer ungerecht, hält aber gleich wieder den Mund, als er merkt, dass Schlemmer selbst sich darüber mächtig freut.
Dominik und Kurt Kraupp holen die Video-Kombination. Wir sehen zwei Filme, einen über London und die Themse und einen über Sanaa, die Hauptstadt des Jemen. Ich stelle mir vor, wie die Aigner in ihrem Wollstoffkostüm mit anderen Frauen, die alle aussehen wie die englische Königin, beim Tee sitzt und den Finger abspreizt. Später stelle ich mir vor, wie sie von einer Karawane aus einem dieser jemenitischen Häuser mit den weißen Fensterverzierungen abgeholt wird und dann verschleiert hoch oben auf einem Dromedar dahinschaukelt, mitten in die arabische Wüste hinein.
Simone streicht an ihrer Liste herum. Thomas McNair scheint eingeschlafen zu sein. Weibl isst vor sich hin; was genau, ist von meinem Platz aus nicht zu erkennen. Einige werden eine Spur lebendiger, als es um diese Rauschpflanze geht, die im Jemen von Groß und Klein gekaut wird. Ich merke mir nicht einmal den Namen des Zeugs.
«Wie lange wird es dauern, bis euer Telefon wieder funktioniert?» Susanne scheint seit heute das gleiche Parfum zu be-

nutzen wie Yvonne. Die signalgrüne Farbe ihrer Fingernägel blättert großflächig ab. «Ich hätte dringend einen Tipp in Englisch gebraucht», sagt sie. The magic carrot. Man könnte diese Blätter aus dem Jemen vielleicht an Susanne verfüttern, möglichst gleich in größeren Mengen. «Der Montagetrupp ist nicht gekommen», sage ich, «einfach so.» – «Einfach so?» Keine Ahnung, was sie sich unter einem Montagetrupp vorstellt. «Lass dir endlich ein Handy schenken», sagt sie schließlich. Mir fällt dazu nichts ein.

Die Aigner erzählt uns von der Rolle, die Religion und Erdöl in den arabischen Staaten spielen, außerdem von der schlechten medizinischen Versorgung und der hohen Analphabetenrate. Christoph springt auf. «Ich gehe in den Jemen und werde ein Ölscheich», ruft er. Er zieht sich seinen Pullover über den Kopf und singt etwas auf Arabisch. Keiner findet das lustig.

Ihr Mann ist weg. Ich schätze, das ist die Ursache für die Veränderung der Aigner. Ich stelle mir vor, wie sie ihn an der Hand nimmt und ins Spital bringt. Zur Durchuntersuchung. Ich glaube nicht, dass sie sich gleich auf etwas Endgültiges wie ein Pflegeheim einlassen kann. Ich stelle mir vor, wie er sie ratlos anblickt, als sie sich verabschiedet, und noch so was sagt wie: «Aber kaufe um Gottes willen kein Kürbiskernbrot.» Langsam geht sie durch die Räume ihrer Wohnung, setzt sich ab und zu hin, nur um zu schauen, und alles kommt ihr wunderbar leer vor. Und ich stelle mir vor, wie sie am Ende dasitzt und weint, viel mehr aus Befreiung als aus Schuldgefühl.

Lukas Meineck diskutiert mit der Aigner die Frage, welche die größte Stadt der Welt ist. Wie es dazu gekommen ist, weiß ich nicht genau. Kairo hat eine Rolle gespielt. Mexico

City, Shanghai, São Paolo und Istanbul bleiben im Rennen. Die letzte Stadt, die rausfliegt, ist Tokio. Am Schluss steht es sozusagen Lateinamerika gegen den Rest der Welt. Meineck ist für Mexiko City und São Paolo, die Aigner für Istanbul und Shanghai. Warum, weiß keiner. Vielleicht hängt es mit längst vergangenen Urlaubseindrücken zusammen, vielleicht auch mit Fußball. Meineck hat sich allerdings immer schon eher für Pokémon interessiert als für Fußball. Die beiden können sich jedenfalls nicht einigen, und das Match endet zwei zu zwei. Die Aigner wünscht uns trotzdem schöne Ferien. Ich wette, sie wird nachher in ihre Wohnung gehen und irgendwo einen Strauß frischer Blumen hinstellen.

‹To rear› heißt aufziehen, großziehen. Das mache ich schnell noch klar, bevor ich meine Sachen zusammenpacke. Ich lasse meine Jacke offen, während wir vor dem Schultor stehen und auf die Mädchen der Parallelklasse warten. Kälte macht sauber. Die Lubec trägt einen knielangen, silbernen Daunenmantel. Sie scheint es total mit Silber zu haben. «Habt ihr trainiert, meine Damen?», fragt sie und lacht hysterisch. Ihre Art von Humor passt wenigstens zur Kleidung. Die anderen trudeln ein. Sie sind ziemlich außer sich, da ihre Mathematikprofessorin offenbar soeben den Fehler gemacht hat, ihnen die Noten mitzuteilen. Vier Nicht genügend, sieben Genügend und so fort. Kein einziges Sehr gut. «An einer schlechten Mathematiknote stirbt man nicht», sagt die Lubec, «an mangelnder Bewegung schon.» Einige heulen trotzdem weiter. Die magersüchtige Nicole Wegener geht diesmal mit. Das passiert beim Schwimmen nur zirka jedes dritte Mal. Niemand kann sie anschauen. Ich schon gar nicht. Ihr Badekostüm hat breite Längsstreifen und ruft bei

mir unstillbare Lachanfälle hervor. Dafür hat sie in Mathematik mit Sicherheit ein gutes Gut.
Die Lubec versucht erst gar nicht, uns in Zweierreihen marschieren zu lassen. Die Haufenvariante funktioniert üblicherweise gut. Es kann höchstens dann unangenehm werden, wenn der Gehsteig eng wird und ein entgegenkommender Mensch zufällig auf Regina trifft. «Hast du keinen nächsten Todeskandidaten?», fragt mich Simone, während wir in der Station Herrengasse zur U3 hinabsteigen. «Nein», sage ich, «noch nicht.»
«Wie wäre es mit einem Bademeister?»
Ich schüttle den Kopf.
«Oder mit zwei Bademeistern. Vater und Sohn.»
«Nein», sage ich, «ein Bademeister steht nicht auf der Liste.»
Den Ministerialbeamten werde ich Simone vorenthalten. Die beiden passen einfach nicht zusammen.
In der U-Bahn gibt es wie üblich ein paar Leute, die sich über unser Gedränge aufregen. Eine ältere Frau mit grüner Wollmütze schlägt mit der Faust mehrere Male gegen Yvonnes Sporttasche, weil sie an ihr angestreift ist. «Noch einmal», sagt Regina, die dabeisteht. Die Frau macht den Mund auf und zu wie ein Fisch und geht knapp am Tod vorbei. Yvonne schwankt, ob sie Regina in Zukunft mögen soll oder nicht. Bis zum Aussteigen ist sie sich nicht klar darüber. Bei manchen Leuten kann man alles aus ihren Gesichtern lesen.
Ich treffe eine Entscheidung. «Code M?», fragt Simone. «Nein», sage ich, «gar kein Code.»
«Arztbesuch?»
«Nein», sage ich, «kein Arztbesuch.» Sie wirkt besorgt. «Du wirst Schwierigkeiten kriegen.» «Die Lubec wird es nicht merken», sage ich, obwohl ich weiß, dass das nicht stimmt.

«Ich habe gedacht, du schwimmst gern», versucht Simone es noch einmal. «Heute nicht», sage ich.
«Einfach so?»
«Einfach so. See the snakes that they rear.»
Sie zieht beide Brauen hoch. «Aus meiner Musik», sage ich. Das scheint sie zu beruhigen.
«So wie gestern die Sache mit ‹torch›?»
«Exakt», sage ich, «genau wie die Sache mit ‹torch›.»
Am Eingang des Stadthallenbades muss ich mir nicht einmal einen Trick ausdenken. Ich reihe mich ziemlich hinten ein, werde ein wenig langsamer und lasse die letzten zwei, drei einfach an mir vorbeigehen. Die anderen sind drin, ich bin draußen.
Ich fahre dieselbe Strecke zurück, steige allerdings erst am Stephansplatz aus. Oberwelt, Jacke zu. Die Temperaturtafel vis-à-vis vom Dom zeigt minus vier Grad. Dafür bewegen sich sämtliche Schadstoffwerte im Bereich des Nicht-mehr-Wahrnehmbaren.
Im Schaufenster des Taschengeschäftes liegen zehn winzige Parfum-Zerstäuber aus Aluminium nebeneinander. Man könnte auch Tränengas einfüllen. Ich denke an Susanne und Yvonne, wie sie brav ihre Längen schwimmen; Yvonne gleichmäßig und flott, Susanne so, dass man ständig Angst haben muss, sie säuft ab. Ich denke auch an das auberginefarbene Handtuch, das ich bei mir trage und das ich mir vorne unter die Jacke stopfen könnte, sollte die Temperatur plötzlich auf minus dreißig Grad fallen. Die kirchlichen Buchhandlungen. Das Spielwarengeschäft, Enton und Relaxo aus Plüsch. Die Figlmüllerpassage. Schnitzelfett. Spar.
Ich helfe einer kleinen dicken Frau, zwei ineinander verkeilte Einkaufswägen zu trennen. Obwohl es sich nie wirklich

lohnt, habe ich ab und zu solche Anfälle von Gutsein. Die Frau nimmt zuallererst mehrere Flaschen Kräuterlimonade, dann eine Flasche von einem billigen Weinbrand aus dem Regal. Weiter folge ich ihr nicht. Ein Liter Milch aus dem Waldviertel; die Osttiroler Extra ist leider aus. Ein Sechserkarton Freilandeier. Eine Packung Vollkorntoast. Die mopsartige Fleischverkäuferin. Ich überlege kurz, sie zu fragen, wie man von hier am raschesten zum Stadthallenbad kommt, lasse es dann aber doch bleiben. Eine Schnitte Knoblauchspeck, eingeschweißt. Manchmal mag ich es nicht, dass gewisse Leute die Sachen angreifen, die ich nachher esse. Ein Glas Mini-Artischocken in Olivenöl. Eine Dose Zuckermais. Eine Dose rote Bohnen in Chilisauce. Steht alles nicht auf dem blauen Einkaufszettel. «Ich werde nicht an Magersucht sterben», sage ich zur Kassierin. Sie erschrickt und macht hinter ihrer Brille den Eindruck, als wolle sie etwas sagen wie ‹Du wirst überhaupt nicht sterben›. «Magersucht ist furchtbar», stammelt sie endlich. Sie muss ein Storno eingeben, weil sie die Dose mit den Bohnen irrtümlich zweimal über den Scanner gezogen hat. Ich zahle mit Annettes Bankomatkarte.

Ich stelle mir vor, wie die Lubec alle nötigt, vom Dreimeterbrett zu springen, wie das bei einigen ganz gut klappt, wie aber Nini zum Beispiel anfängt zu weinen und keine da ist, die der Lubec sagt, dass sie eben erst krank war.

Die Verkäuferin mit dem asymmetrischen Gesicht scheint für einen Augenblick zu überlegen, ob sie die Polizei holen soll, als sie mich sieht. «Duften die Sachen nicht stark genug?», fragt sie mich dann. «Nein», sage ich, «sie duften perfekt. Es geht um die Ungeziefervertilger.» Die Frau entspannt sich ein wenig. «Sind sie aus», fragt sie, «oder ist eine Düse blockiert?»

«Das ist es nicht. Ich brauche etwas Stärkeres.»
«Du hast doch zumindest drei verschiedene Mittel gekauft.»
«Trotzdem», sage ich. Die Frau überlegt und meint schließlich, es müssten Flöhe sein, denn nur Flöhe seien so widerstandsfähig. «Ja, Flöhe», sage ich, «ganz klein und Millionen davon.» Gegen Flöhe seien allerdings sämtliche konventionellen Mittel machtlos, erklärt die Frau, und man brauche etwas speziell Giftiges, das man nur in Apotheken kaufen könne. Die Katze dürfe man unter keinen Umständen damit einsprühen. Die Katze. Ich nehme einige Leckereien mit, Sheba-Schälchen und Vitamin-Paste. Die Batterien für Annettes Kanarienvogel. Es gibt sie nur in Viererpackungen. Die Frau beschreibt mir den Weg zu den drei nächstgelegenen Apotheken. Ich hätte ihn auch so gewusst. Sie ist sichtlich froh, als ich gehe. Dabei kann sie das mit dem Schlag auf die vorspringende Hälfte ihres Gesichtes gar nicht wissen.
Es schneit. Die Flocken sind zwar ganz fein und fallen nicht sehr dicht, aber es schneit. Ich entscheide mich für die Apotheke am Schwedenplatz. Sie ist die größte der drei, außerdem die einzige, an die ich eine konkrete Erinnerung habe: Ein Apotheker mit dunkler Haut, der mir eine Wundsalbe gibt und freundlich ist.
Ich hebe am Bankomaten an der Kreuzung Rotenturmstraße/Fleischmarkt Geld ab, hundertfünfzig Euro. Wer weiß, was dieses Gift kostet. Knapp oberhalb der Tastatur klebt ein blassrosa Kaugummi. Er sieht noch weich aus, wie eine kleine Schnecke. 3617, nach wie vor. Heute lassen mich die Leute in Ruhe. Ich habe beschlossen, nicht in eine Filiale von Annettes Bank zu gehen, um mir ihren Kontostand auszudrucken.

Die Apothekerin, die mich bedient, ist hager und grauhaarig. Sie blickt mich über eine schwarz gerahmte Lesebrille an. «Du siehst gar nicht nach Flohplage aus», sagt sie. «Tut mir Leid», sage ich. Sie lacht. Ich erfahre, dass der typische Flohgeplagte verdreckt ist, aus dem Mund nach Alkohol und sonst nach allem Möglichen riecht, obendrein meistens Kopfläuse hat. «Ein kleiner Zoo sozusagen», sagt sie. Neben mir löst ein rotgesichtiger Mann in dunkelblauem Mantel zwei eng beschriebene Rezepte ein. Er spricht ohne Unterbrechung, erst von einem Belastungs-EKG, bei dem er beinahe gestorben wäre, dann von den Nebenwirkungen verschiedener Entwässerungsmittel. Der junge Apothekergehilfe, der ihn bedient, schaut kurz zu seiner Kollegin herüber und verdreht die Augen. Sie grinst. «Wenn man zu viele Entwässerungsmittel nimmt, vertrocknet man dann innerlich?», frage ich laut. Der Mann hält inne. «Meine Großmutter nimmt jede Menge Entwässerungsmittel», sage ich, «ich habe den Eindruck, sie vertrocknet innerlich.» «Blödsinn», sagt die Apothekerin. Der Mann ist wahrscheinlich ein guter Kunde. Er sagt jedenfalls nichts mehr und geht. Die Apothekerin möchte wissen, wie viele Räume ich zu entwesen habe. «Entwesen?», frage ich.

«Ja, das heißt, nachher existiert kein Wesen mehr in den behandelten Räumen.»

«Kein lebendes.»

«Natürlich. Flohleichen kannst du einsammeln, wenn du Wert drauf legst.» Ich zähle im Geist durch. «Vier», sage ich schließlich, «vier Räume.» Die Apothekerin bringt mir vier Dosen ‹Flohnebel›. Sie sind überraschend klein. Auf der Papierschleife hockt erwartungsgemäß ein überdimensionaler Floh. «Und denk dran», mahnt mich die Apothekerin, «wäh-

rend der Vernebelung darf niemand im Zimmer sein, kein Mensch, kein Haustier.» Ich frage mich, ob man mit Hilfe der Lupe Flohleichen einsammeln könnte. Eine Dose ‹Flohnebel› kostet sechzehn Euro vierzig. Ich zahle bar.
Der Pizzaverkäufer ist völlig euphorisch darüber, dass es schneit. Ein italienischer Tourist wirft ihm Schneebälle zu, und er wirft zurück. Ich habe eine Idee. Ich nehme vier Pizzaschnitten, zwei ‹Rusticana› und zwei ‹Capricciosa›. Der Verkäufer streift mit besorgtem Blick mein sonstiges Gepäck und verstaut mir die Stücke in zwei mittelgroßen Kartons. Irgendwie komme ich mit dem ganzen Zeug schon zurecht.
Sie werden diese bunten, mit Sand gefüllten Ringe herauftauchen müssen. Nini wird durch ihr Heulen erreichen, dass es ihr erspart bleibt. Regina wird vielleicht einen Ertrinkungsunfall spielen, und die Lubec wird sich eine Klassenbucheintragung vormerken.
Station Rossauer Lände. Die direkte Linie nach Hause. Knapp nach der Kreuzung Pramergasse/Hahngasse rutsche ich aus und falle hin. Der Kombi eines Botendienstunternehmens bleibt stehen, und der Fahrer fragt mich durchs Fenster, ob mir etwas passiert ist. Das finde ich nett. Ich schaue zuallererst in die Tragtasche mit dem Wörterbuch. «Nein, danke, nichts passiert», sage ich dann. Auf dem Gehsteig liegen etwa drei Zentimeter Schnee. Ich trage die Puma-Sportschuhe. Blöd, würden die meisten Leute sagen. Beim Weitergehen merke ich, dass der eine Pizza-Karton angeweicht ist. Die paar Minuten wird er schon noch halten.
Fenster auf. Ratajczyk schlägt langsame Purzelbäume. Ich schwöre ihm hoch und heilig, dass er mit dem Tom aus ‹Tom und Jerry› nichts, aber auch schon gar nichts gemeinsam

hat. «Acrobatic tomcat», sage ich. Er ist einverstanden. Unter der Dusche merke ich diesen Geruch von Anstrengungsschweiß an mir. Ich mag ihn nicht. Scharfer Strahl, heiß, weg damit. Ich trockne mich mit dem auberginefarbenen Handtuch ab. Nachher schnuppere ich dran, obwohl natürlich keine Spur von diesem Schwimmbad-Chlorgeruch drinnen sein kann. Eigentlich mag ich ihn ganz gern. Kochendes Wasser hält die Haut nicht aus. Ich habe keine Ahnung, wo die Grenze ist.

Ich überlege kurz, den Kater mit hinunterzunehmen, lasse es dann aber bleiben. Er reagiert auf Umgebungsveränderungen manchmal panisch. «Bleib am besten im Bad», sage ich zu ihm.

Es riecht nach Chalupski, ewig laufendem Fernseher, Annette und Fleisch mit Sauce. Luft herein. In Filmen wird diese Art von Fenstern manchmal von hübschen Frauen geöffnet, nach außen, mit einer weiten Bewegung. Meistens ist es Frühling. Annette zuckt zusammen. Im Fernsehen läuft Werbung. Diätmargarine, eine Versicherung, Bier. Die Fernbedienung liegt wieder irgendwo. Ich schalte ab. Annette zuckt ein zweites Mal zusammen. Ich habe nicht einmal auf den Sender geachtet.

Ich stecke dem Kanarienvogel neue Batterien in den Bauch und stelle ihn auf Piepsen alle fünf Minuten ein. Dann setze ich mich zu Annette, auf die richtige Seite. Sie versucht zu lächeln. Auf der rechten Wange hat sie einen kreisrunden roten Fleck. Woher, ist mir nicht klar. «Eine furchtbare Geschichte», sage ich, «ein Mann stirbt unter einer Lawine.» Annette klopft sich mit der linken Hand auf den Schenkel. «Ein Ministerialbeamter», erzähle ich, «nicht einmal fünfzig, grauhaarig, gut aussehend. Er fährt im Schiurlaub eine

Piste runter, ganz normal, bleibt unter einer Felswand stehen, um die Landschaft zu genießen. Irgendwo weit oben löst sich ein kleines Schneebrett, saust eine Schlucht nach unten, einen Hang, wächst an und donnert dann über die Kante der Felswand, direkt drauf auf den Mann, der da steht. Er wird relativ bald gefunden, doch es ist zu spät. Die Schier hängen noch an seinen Beinen fest. Der Mann hat einen Ausdruck der Überraschung im Gesicht. Überall ist Schnee eingedrungen, in alle seine Körperöffnungen, sogar in die Augen.» Annette versucht irgendwas zu sagen, bringt aber nur schmatzende Mundbewegungen zustande. Der Kanarienvogel piepst. Sie horcht auf und wendet den Kopf nach links. Dort ist er aber nicht. Ich erzähle ihr noch von der Brücke am Tay und davon, dass die Aigner ihren Mann ins Spital gebracht hat. Das scheint ihr nicht zu gefallen.

Für Annette ist Pizza aus dem Mikro in Ordnung. Alte Menschen haben sowieso meistens Schwierigkeiten mit dem Beißen. Das Essen auf Rädern werfe ich ins Klo. Wurzelfleisch mit Salzkartoffeln. Unerträglich.

Der rote Fleck. Ich stelle mir vor, wie Annette etwas nicht ganz so macht, wie die Chalupski es sich vorstellt, und die Chalupski ihr einfach ins Gesicht schlägt. «Die Chalupski ist eine Gefängniswärterin, stimmt's?», sage ich. Annette schießen die Tränen in die Augen. Das habe ich nicht gewollt. Ich füttere ihr die ganze Schnitte ‹Capricciosa›. Die ‹Rusticana› scheint ihr zu scharf zu sein. Auf ihren Oberschenkeln landen immer wieder winzige Schneeflocken. Sie zittert trotzdem nicht. «Kälte ist nicht das Schlechteste», sage ich.

Die Bedienungsanleitung für den Flohnebel ist leicht zu verstehen. Ich klemme mir den Kater unter den Arm. Zur Sicherheit. Fenster zu. Einen Abstellplatz in der Mitte des Raumes suchen. Atem anhalten. Auslösevorrichtung drücken, einrasten lassen. Dose hinstellen. Raus aus dem Zimmer, Türe zu. Das Ganze zwei Mal. Die anderen Räume brauchen es nicht wirklich. Man muss Reserven bilden, wird immer wieder gesagt.

Auf dem Parkettboden zergehen die Schneeflocken augenblicklich. Sie verdunsten ohne Rückstand. Wenn man gleich den Finger hinlegt, bekommt man noch eine Ahnung von Feuchtigkeit. Meine Musik, mittellaut. Revenge, revenge, time of the cries. See the furies arise. See the snakes that they rear, how they hiss in their hair, and the sparkles that flash in their eyes.

‹Time of the cries› stimmt irgendwie nicht; ich weiß nicht genau, weshalb. Ich denke nicht, dass es besonders wichtig ist.

Ratajczyk bekommt ein Blatt Schinken von meiner ‹Capricciosa›. Die ‹Rusticana› ist auch ihm zu scharf. Mit Oregano hat er sich längst angefreundet.

‹Inglorious› bedeutet schmählich, das weiß ich seit heute. ‹Slain› ist die Vergangenheitsform von ‹to slay› und heißt erschlagen. Ein letztes Wort. ‹Unburied›. Ich finde es nicht.

Haut und Knochen. Ich schaue an mir hinunter. Ein Fettfleck auf meinem Notizzettel. Den werde ich verkraften.

… *fünf*

Mitten in der Nacht war er aufgeschreckt. Er hatte kurz den Eindruck gehabt, es gehe ein Gewitter nieder, war aber sofort wieder eingeschlafen. Wintergewitter gab es gelegentlich. Der Höhenmesser zeigte zweitausendundneunzig Meter, ein Plus von fünfundsechzig Metern im Vergleich zum Vorabend. Das war nicht weltbewegend, aber immerhin. Unmittelbar vor schweren Augustgewittern stieg der Höhenmesser manchmal um hundertfünfzig Meter oder mehr.
Der Himmel im Spalt war weiß. Das Nest des Raben schien noch mächtiger geworden zu sein. Diesen Eindruck hatte er zumindest von seinem Schlafplatz aus. Der Vogel selbst war nicht zu Hause. Er kroch aus dem Schlafsack und schlüpfte in seine Kleider. Mit zwei Hand voll Wasser aus der Thermosflasche wusch er sein Gesicht. Danach putzte er sich die Zähne. Das Wasser war noch angenehm mundwarm. Den Rest leerte er in den Alutopf, füllte mit Schnee auf und heizte den Kocher hoch.
Der Wall des Nestes war zweifellos breiter als am Vortag und die Grube deutlich eingetieft. Eier gab es nicht, aber das war natürlich überhaupt Quatsch, denn welcher Vogel legt schon mitten im Winter Eier. Der Nistplatz lag jedenfalls eindeutig

im Lee und wurde aus keiner Richtung durch windverfrachteten Schnee gefährdet. Das war raffiniert und auf den ersten Blick nicht zu erkennen gewesen.

Er lehnte sich hinaus und griff in den Fels. Auf sämtlichen halbwegs waagrechten Stellen lag eine Schicht Neuschnee, trocken, fluffig, nicht festgefroren. Seine Finger fühlten sich eigenartig an, ein wenig nach Kälteschaden. Er hatte keine logische Erklärung dafür.

Vor der Wand trieben Wolkenfetzen. Freie Sicht nach unten gab es nirgends. Da und dort tat sich für kurze Zeit eine Lücke auf. Er versuchte durch das Fernglas irgendetwas Aussagekräftiges zu erkennen, ohne Erfolg. Keine Menschen, keine Spuren, nichts. Auch die Hütte blieb konsequent verborgen. Ab und zu ein Fels oder eine Gruppe von Fichten, die ihm bekannt vorkamen. Ein einziges Mal sah er für drei Sekunden die Straße, auf ihr einen dunkelblauen Kleinbus, der aus Richtung Osten heranrollte. Das konnte passen. Die Rothenberg würde vorne sitzen. Frey würde fahren, und die Rothenberg würde sich dabei gut fühlen. Zugleich würde sie ihn verachten.

Er aß Käsebrot und Neapolitaner-Waffeln. Dazu trank er Tee, wie immer. Zwischendurch schluckte er zwei Multivitaminkapseln.

Zeige-, Mittel- und Ringfinger der rechten Hand waren leicht geschwollen, vor allem rund um die Gelenke. Die anderen Finger hatten nichts. Der minimale Schnitt, den er sich beim Aufstieg an der Innenseite des Mittelfingers zugezogen hatte, war beinahe verheilt und konnte nicht die Ursache sein. Er schloss die Hand zur Faust und öffnete sie wieder, mehrmals. Eine leichte Blockade war zu spüren, doch insgesamt ging es. Der Ehering steckte fest, das war viel-

leicht das Dramatischste an der Sache. Elvira hätte sich mit Sicherheit aufgeregt. «Du vermittelst falsche Botschaften, wie üblich!», hätte sie gesagt, oder etwas in dieser Art.
Er rieb die Finger mit Schnaps ein, dann mit Voltaren-Gel. Das kam mehr oder minder direkt von Robert Fauler. «Der kranke Mensch braucht in erster Linie Magie und nur selten einen Arzt», hatte er gesagt. Fauler selbst hatte alles mit Schnaps eingerieben, Blutergüsse, offene Wunden, schmerzende Muskeln. Er hatte sein Leben lang auf einen Arzt verzichtet. Die fingerlosen Handschuhe waren elastisch genug, um keine Schwierigkeiten zu machen. Diese unzerstörbaren Kevlarfasern, die sich nicht dehnen ließen, waren nur an der Handflächenseite eingewebt.
Er begann systematisch alle Gelenke durchzubewegen, von oben nach unten, wie er es gewohnt war. Das linke Sprunggelenk krachte, aber das tat es am Morgen meistens. Sonst war alles in Ordnung, speziell das Knie.
Sturmhaube, Steinschlaghelm, Jacke, Gurt, das Seil, am Schluss das Gewehr. Oben auf dem Packsack lag aufgeschlagen das Gipfelbuch. ‹Peter Weyrer, Achim North, Westendorf. SO-Pfeiler›, las er, bevor er es zuklappte. Eine Tour, die zirka alle fünf Jahre einmal begangen wurde. Sie passte zu Weyrer. Er hatte den schlaksigen, rothaarigen Tiroler vor Jahren in der Texelgruppe kennen gelernt, im hintersten Winkel der Ötztaler Alpen, an irgendeiner namenlosen senkrechten Granitkante. North kannte er nicht.
Bevor er durch die Öffnung in den Trichter schlüpfte, sah er den Raben anfliegen. Der Vogel hatte ein Büschel Gras im Schnabel oder einen kurzen Föhrenzweig. Genau konnte er es nicht erkennen.
Er kletterte im Hintergrund des Trichters einen Kamin hoch

und querte auf einem schmalen Band in die linke Wand hinaus bis zu einem Geröllplätzchen. Er hängte sich mittels einer Expressschlinge an den Spachtelhaken, der dort steckte, und langte probeweise nach oben. Die ersten Griffe der Leiste waren die besten, das wusste er, außerdem lagen sie noch in jenem Abschnitt, der nicht unmittelbar dem Wetter ausgesetzt war.

An jenem Oktobersonntag vor sechs oder sieben Jahren waren Angelo Protti, Elvira und er an der Dibonakante in einen Eisregen geraten, der die gesamte Große Zinne innerhalb weniger Stunden in einen gepanzerten Feenpalast verwandelt hatte. Sie hatten nicht die Spur einer Eisausrüstung dabeigehabt und nur ein einziges Seil. Die Nacht über waren sie unter Prottis Ein-Mann-Biwaksack gehockt, hatten es eng gehabt und trotzdem gefroren. Erst am folgenden Vormittag war es ihnen wieder möglich gewesen, sich von der Stelle zu bewegen. Elvira war vollkommen fertig dagesessen und nicht mehr imstande gewesen, ihre Finger zu bewegen. Etwas anderes als Abseilen war daher nicht in Frage gekommen. Protti, ein junger Alpingendarm aus dem Fassatal, hatte sich daraufhin einfach losgeknüpft und war weitergeklettert. «Suicidante», hatte Elvira ihm nachgerufen, wobei sie beide keine Ahnung hatten, ob das auf Italienisch tatsächlich ‹Selbstmörder› hieß.

Er machte sich vom Haken los und begann die Leiste entlangzuhangeln. Die Muskelkraft, die nötig war, versuchte er möglichst in den Oberarmen aufzubringen, um Finger und Unterarme nur statisch zu belasten. An der Trichterkante änderten sich die Verhältnisse schlagartig. Der Schnee erschwerte ihm den Fingerhalt, und der Wind traf ihn mit Wucht. Auf beides war er vorbereitet gewesen. Was ihn wirklich überraschte, war der völlige Haftungsverlust seiner Schuhe. Nach seiner Theorie hätte es nicht sein dürfen. Vermutlich hatte es letztlich mit der Verfassung des Sohlengummis bei niedrigen Temperaturen zu tun, vermutlich auch mit der Veränderung der dünnen Staubschneeschicht unter einem bestimmten Druck. Was kümmerte den Winter seine Theorie? Faktum war, dass mit Reibung gar nichts lief und er plötzlich die paar hundert Meter freie Luft unter seinem Hintern spürte. Intuitiv griff er mit der rechten Hand an den Gurt, wusste aber im selben Moment, dass auf den nächsten dreißig Metern kein Klemmkeil oder Friend sinnvoll anzubringen sein würde. Auch die Sache mit der Seilsicherung hätte er sich früher überlegen müssen.

Manche ließen einfach los, und dann war es vorbei. Keiner sprach darüber, aber jeder wusste, dass es passierte. Man öffnete die Finger für einen Augenblick, einen Zentimeter nur und an beiden Händen gleichzeitig, ein einziges Mal. Aus. Das Ganze hatte nichts zu tun mit einem plötzlichen neurologischen Koordinationsproblem. «Ich stürze lieber ab, als mich aufzuhängen», hatte Elvira nach Robert Faulers Tod gesagt, und er hatte schon damals gewusst, dass Elvira niemals abstürzen würde. Er dachte an das Mädchen. Es gab diese rundherum weichen Menschen, die man mit so etwas wie Abstürzen von vornherein nicht in Zusammenhang brachte. «Manche Menschen sterben stückweise», hatte sie geschrieben, und er hatte sich damals noch gefragt, ob sie mehr von anderen sprach oder mehr von sich selbst.

Er erreichte den breiten Spalt am Ende der Hangelleiste und lehnte sich mit seiner ganzen Körperlänge hinein. Seine Knie zitterten. Im rechten Unterarm kündigte sich ein Krampf an. Er ruhte sich ein wenig aus und spreizte dann empor bis zu einer komfortablen Vertiefung des Spaltes. Tee plus Magnosolv-Brause. Eine Hand voll Studentenfutter. Die Finger waren wieder dabei, sich zu verabschieden.

Über rechts gelangte er durch einen mehrfach unterbrochenen Riss auf den Absatz der Rosskuppenkante. Kleine Schneewirbel huschten darüber hinweg. Seine Spuren vom Vortag waren verschwunden. Die Untergrenze der Schichtbewölkung sank kontinuierlich ab. Schätzungsweise lag sie jetzt bei zweitausendzweihundertfünfzig Metern. Die Aufbauten von Hochtor und Ödstein waren geschluckt worden. Der Gipfel der Planspitze war gerade noch frei. Beim Blick durch das Glas sah er vom Kreuz weg eine enorme Schneefahne nach Süden hinausstehen. Er stellte sich vor, wie sie alle beim Kaffee saßen oder beim Glühwein und sich vom Wirt über die neuesten Wetterentwicklungen unterrichten ließen. Er stellte sich vor, wie einer von ihnen sagte: «Wir sind ja auch nicht aus Zucker» – Luigi Repka vielleicht oder Tante Rosinante –, und wie sie dann doch auf den Bergführer hörten, den sie engagiert hatten. Bergführer hatten für solche Situationen Sprüche auf Lager: ‹Der richtige Moment kommt manchmal zwei Stunden später› oder ‹Am Warten ist noch keiner gestorben›. Nausch würde den Zeigefinger heben und sagen: «Wie wahr, wie wahr», und die Rothenberg würde milde lächeln.

Auf den Ärmeln seiner Jacke hatten sich winzige nadelförmige Eiskristalle gebildet. Zwischen ihnen landete ab und zu eine Schneeflocke. Er holte die Überhandschuhe aus dem Rucksack, blies einige Male hinein und zog sie an. Er dachte an das Eis im folgenden Kamin, an die Schneemengen, die jetzt mit Sicherheit drauflagen, und daran, dass er kein Werkzeug gern mit der linken Hand bediente, die Bohrmaschine nicht, die Steigklemmen nicht und auch nicht das Eisbeil. Er überschlug die Zeit, die er noch brauchen würde, und betrachtete die Wolkenbäuche. Im Zweifelsfall war immer noch das Wetter Sieger geblieben. Seine linke Wade verspannte sich. Er stand schlecht. Ein Schokoriegel. Fünf Minuten Auszeit.

Er erinnerte sich an die ausufernde Geschichte, die einer der Knaben zum Thema ‹Ein Unwetter› verfasst hatte. Es hatte geschüttet, geschneit und gehagelt, abgesehen von allem Blitz und Donner, und schließlich war eine elementare Flutwelle über die Stadt hinweggerollt. ‹Ich traute meinen Augen nicht, als ich gleich neben mir die Spitze des Stephansdomes sah›, hatte der Bub geschrieben. Er fuhr in seinem Schlauchboot letztlich bis zum Schwarzen Meer. Dort schien wieder die Sonne.

Am Ende gab die Vorstellung, durch das Tasco sinnlos ins Nebelweiß zu starren, den Ausschlag. Er ging zehn Schritte die rechte Begrenzungskante des Absatzes entlang, kletterte eine gut mannshohe Stufe hinab, machte einen Spreizschritt um eine Kante und befand sich in einer Nische, in der zwei Haken steckten. Er prüfte beide mit dem Felshammer und knüpfte in den tiefer liegenden eine Abseilschlinge. Es folgte das übliche Zeremoniell: Seil durchfädeln, Enden verknoten, das ganze Paket aufnehmen, in weitem Bogen abwerfen. Die Finger waren taub. Außerdem ließ ihn der rechte Unterarm kraftmäßig zunehmend im Stich.

Er seilte zweieinhalb Längen ab, jeweils etwas schräg in westlicher Richtung. Die Schuhe rutschten nach wie vor. Trotz der schlechter werdenden Sicht traf er das dreieckige Felsdach beim ersten Versuch. Er pendelte den Standplatz darunter an. Eine Woge Flugschnee schlug ihm ins Gesicht.

Er hustete und wischte sich die Augen. Entlang des Berglandrisses waren reichlich Bohrhaken vorhanden. Er benützte sie bis zum Beginn der Leiste, die zu seinem Spalt hinüberführte. Die weißgelbe Abbruchstelle verschmolz mit ihrer Umgebung. Der Schnee auf dem Bändchen war zum Teil bereits windgepresst und schwer zu entfernen. Er kletterte extrem vorsichtig und pausierte mehrere Male. An der Schleierkante der Cima della Madonna hatte es diese wunderbare, fußbreite Leiste gegeben, auf der er mit dem Rücken zum Fels neben Elvira gestanden war, Hüfte an Hüfte, und ihr genüsslich an die Brust gegriffen hatte. «Madonna», hatte er gesagt, «Madonna, was kann es Schöneres geben?» Sie hatte die Bemerkung extrablöd gefunden.

Der Rabe hackte auf einem pelzigen Bündel herum und riss kleine Fetzen heraus. Er registrierte ihn erst, als er sich vollends in den Spalt gezwängt hatte und jede Fluchtmöglichkeit blockierte. Der Vogel fächerte daraufhin die Flügel seitlich auf, legte den Kopf zurück, ließ ihn nach vorne schnellen und gab kurze schnalzende Töne von sich. «Ist schon gut», sagte er und drückte sich seitlich vorbei. Der Rabe schnappte seine Mahlzeit und flog ab. Er schätzte seine Spannweite auf gut einen Meter. Das Pelzding war am ehesten eine Maus gewesen oder ein kleines Wiesel.

Die Temperatur war zurückgegangen, das nahm er wahr, und er nahm wahr, dass er ein ernstes Problem mit seinen Fingern hatte. Sie waren weiter angeschwollen und begannen zu schmerzen, wobei er den Eindruck hatte, als sei das in erster Linie auf die Spannung der Haut zurückzuführen. Der Ringfinger war überhaupt violett mit einer tiefen Schnürfurche. Auf ihrem Grund konnte man den Ring gerade noch ausnehmen. Er dachte daran, dass auf Violett

Schwarz folgte, und fragte sich, welche Tiere sich Gliedmaßen abtrennten, wenn sie sehr in Bedrängnis gerieten. Die Schneide des Eisbeils würde scharf genug sein. Ob Raben menschliche Finger fräßen, wenn man sie herumliegen ließ? Er schluckte zwei Parkemed und trank den Flachmann leer. Whiskey ade! Es war nicht mehr allzu viel drin gewesen. Er hängte das Gewehr mit einem Karabiner an den Haken, an dem auch das Fußende der Hängematte befestigt war. Dann startete er die Prozedur mit dem Faden.
Er schnitt von einer Reepschnur ein knapp einen Meter langes Stück ab, schlitzte den Mantel auf und isolierte aus dem Kern ein Bündel weiß glänzender Kunststofffasern. Mit Hilfe von Speichel drehte er es zu einem dünnen Faden. An der Kuppe beginnend, führte er ihn in engen und möglichst festen Windungen um den Finger herum, langsam und sorgfältig. Er quetschte auf diese Weise die Schwellung sukzessive aus dem Finger hinaus. Widmann hätte vermutlich erklären können, welcher Anteil Blut und welcher Gewebsflüssigkeit war. Manchmal benahm er sich wie ein verhinderter Mediziner. Die Sache tat höllisch weh, trotz der Tabletten, die er genommen hatte. Als er an der Schnürfurche angelangt war, fettete er die Fadenspirale mit Hirschtalg ein und zog den Ring unter behutsamem Drehen ab. Er steckte ihn in die Münztasche seiner Hose und schloss den Zipp. Eigentlich hatte er den Ring einmal Max schenken wollen. Der Finger sah weiß und leblos aus, nachdem er den Faden entfernt hatte, wie aus Wachs.
Die Daunenjacke, andere Socken, die Wollmütze. Er kochte Ravioli mit Tomatensauce, eines der gefriergetrockneten Fertiggerichte, die er dabeihatte. Wie all diese Mahlzeiten war das Zeug kaum gesalzen. Während er aß, fragte er sich,

wo man unter den herrschenden Bedingungen eine Maus erwischen konnte. Vielleicht war sie auch tot im Schnee gelegen.

Er fror. Es war das erste Mal, dass er sich ein Portaledge wünschte, eines dieser Auslegerzelte für das Biwakieren in senkrechten Wänden. Sparsamkeit wärmt nicht, das hätte er eigentlich wissen müssen. Er schnitt ein Loch in seinen Biwaksack und spannte ihn mit Hilfe zweier Reepschnüre so über die Hängematte, dass zumindest die Andeutung eines Zeltes entstand. Tee. Raus aus den Schuhen. Schlafsack.

Sie hatten ihm vorgeworfen, seine Beziehung zu den Kindern sei zu eng. Er hatte darauf gesagt: ‹Wer zu Kindern eine distanzierte Beziehung hat, hat in Wahrheit gar keine.› Das war ihm sofort ungeheuer pathetisch vorgekommen, aber mit dem Pathos verhielt es sich bei Kindern und Bergen offenbar ziemlich gleich.

Der Ringfinger war wieder genauso angeschwollen wie am Anfang. Von Faustschluss konnte keine Rede mehr sein. Er legte dem Raben ein kleines Häufchen übrig gebliebener Ravioli an den Rand des Nestes.

«Unter gewissen Umständen ist jedes Delikt eine Frage von Verhältnismäßigkeit», hatte Robert Fauler gesagt, wenn er wieder einmal seine Zeche nicht bezahlt hatte oder etwas hatte mitgehen lassen. Bei einem fremden Seil, das er nach Gebrauch irgendwo liegen ließ, sprach er zum Beispiel von ‹vorübergehender zweckgebundener Aneignung›. Zweckgebundene Aneignung eines Gipfelbuches. Er schlug es irgendwo auf. Das ‹vorübergehend› würde nur gelten, wenn sie ihn fanden.

Anfang Juni letzten Jahres ‹Benedikt und Ursula Mahr, Graz. Josefinensteig. Schnee zwischen den Versicherungen›. Drei

Rufzeichen. Eine Familie aus Waidhofen an der Ybbs. Ebenfalls Josefinensteig. Kein Kommentar, keine Rufzeichen. In der ersten Juliwoche eine Kindergruppe aus Wien. Smileys, Pokémon, die üblichen Reimereien.
‹Konstantin Degenfeld, Wien. Nordwand, Jahn-Zimmer-Weg. Oberhalb von mir nette Kollegen, die Steine auf mich werfen.› Immerhin war er nicht getroffen worden. Etwas beunruhigte ihn. Degenfeld war ein berüchtigter Solist, der es immer wieder auf die absurdesten Dinge angelegt hatte. Zum Beispiel war er auf allen beschriebenen Routen durch die Nordwände der Großen und Westlichen Zinne geklettert, auf und ab und auf und ab, das Ganze innerhalb einer Woche, oder in Norwegen durch eine Reihe dieser Tausend-Meter-Wände aus spiegelglattem Granit. Vor einigen Jahren hatte er in einem Anfall von Wut sämtliche Haken aus der Christaturmkante und der Fleischbank-Ostwand entfernt. Man hatte ihn angezeigt, aber es war letztlich nichts dabei herausgekommen.
Theoretisch war es natürlich möglich, dass sie sich Degenfeld gekapert hatten. Irgendjemand konnte ihnen den Tipp gegeben haben, und ab und zu gab es auch bei ihm so was wie gute Momente. Sie hatten am ehesten die Raab-Schöny geschickt, um die Sache abzumachen. Er hatte vermutlich mit schmalen Lippen gegrinst, kaum wahrnehmbar, und leise gesagt: «Ich bringe euch den Mann.»
Jahn-Zimmer, dritter Schwierigkeitsgrad, eine Route, die Degenfeld einbeinig und blind schaffte und unter normalen Bedingungen nur gehen würde, wenn man ihm viel Geld anbot – das beunruhigte ihn, und die Tatsache, dass es jemanden oberhalb von ihm gegeben hatte, beunruhigte ihn auch. Gewisse Leute brauchte man unverwundbar.

Für einen Augenblick stand der Rabe in der Luft, sackte gleich darauf schräg nach unten weg, zog eine kurze Schleife und landete an der Kante seines Absatzes. Er legte den Kopf schief, schaute zu ihm herüber und gab diese klopfenden Laute von sich. Nach einer Weile begann er bedächtig den Rand des Nestes abzuschreiten, ging eine komplette Runde, noch eine, und hockte sich hin. Die Ravioli rührte er nicht an.

Er aß langsam die Packung Studentenfutter leer, erst die Keshua-Nüsse, dann die Joghurt-Pops, die Erdnüsse und am Ende die Rosinen. Im Gegensatz zu tausend anderen Paaren waren Rosinen bei ihnen nie ein Streitpunkt gewesen. Andere Dinge ja, Kapern zum Beispiel oder Fische mit Gräten, Rosinen nicht. Er erinnerte sich an diesen zu Tode genervten Kellner, dem Elvira auf dem Dessertlöffel jene beiden Kapern unter die Nase gehalten hatte, die sich entgegen seinen Versicherungen in den Penne alla irgendwas befunden hatten. Ihr Kinn war nach vorne gerichtet gewesen, ihre Augen hatten Blitze geschleudert, und überhaupt hätte er sie am liebsten an Ort und Stelle niedergeküsst, mit oder ohne Kapern.

Ende Juli eine zwölfköpfige Gruppe der Alpenvereinssektion Steyr, Ostgrat. Zwei Herren aus Berchtesgaden. Hochtor-Ödstein-Überschreitung. ‹Marlies Roessler, Evelin Schalk, Ruth Sevcik, Krems. Lechnerband.› Eine Zeichnung: ein Murmeltier, das aussah wie eine Gurke mit Gesicht.

Seine Hand tobte. Der Schmerz zog sich bis in den Unterarm hinauf. Noch einmal zwei Parkemed. Er tastete mit den Fingern der linken Hand seine Kopfhaut ab. Der Herd über dem linken Ohr war ihm vertraut – groß wie vielleicht drei Geldstücke nebeneinander und leicht erhaben. Wenn er ein we-

nig kratzte, blieben an den Fingernägeln winzige silbrige Schuppen hängen. Sonst fand er nichts, auch nicht an den Ellbogen. Manchmal suchte man einfach nach Zusammenhängen, auch wenn klar war, dass es sie nicht gab. Tee, einen Schluck vom Renettenbrand, noch einen.
Es begann dämmrig zu werden, obwohl die Tageszeit nicht danach war. Er sah dem Vogel zu, der in knapp halbstündigen Intervallen abflog. Er blieb jeweils eine Weile weg und trug beim Zurückkommen etwas im Schnabel; Baumaterial oder Beute, das war nicht zu unterscheiden. Manchmal zerrte er heftig daran, dann wiederum legte er die Dinge einfach zur Seite. Ab und zu stieß er sein Klopfen aus.
Er legte sich in die Hängematte zurück und blickte empor in seinen roten Biwaksackhimmel. Wenn das Mädchen an der Tafel stand und Sätze analysierte, wirkte es zufrieden, beinahe glücklich. Die anderen verstanden das nicht.
Er rieb sich die Finger mehrmals mit Voltaren-Gel ein. Für kurze Zeit hatte er den Eindruck, dass es wirkte. Bevor er sich endgültig schlafen legte, ging er mit der Stirnlampe nach vorn. Der Rabe schreckte auf, flatterte neben dem Absatz zu Boden und schnalzte ihn an. Er leuchtete durch den Spalt ins Freie. Es war windstill und schneite dicht.

Freitag

Der Schnee schmilzt längst nicht mehr. Schräg unterhalb der Fenster bleibt er in flachen Hügeln liegen. Ab und zu fegt ein Windstoß herein. Insgesamt scheint es draußen jedoch nicht allzu sehr zu stürmen. Der Kater ist zu mir unter die Decken gekrochen. In diesen Dingen ist er ziemlich ungeniert. Er hat sich auch rasch daran gewöhnt, dass ich jetzt immer auf der Wohnzimmercouch schlafe. Er atmet ganz ruhig. Manchmal grunzt er leise.
Ich habe die Stehlampe herangezogen und schreibe auf meinen Block. Fischschuppen werden in der Haut gebildet und der Panzer einer Schildkröte auch. Der Panzer einer Schildkröte ist dabei so etwas wie Haut und Knochen zugleich. Die Federn von Vögeln werden ebenfalls in der Haut gebildet, genauso das Sekret des südamerikanischen Pfeilgiftfrosches. Ich erzähle das Ratajczyk, aber er schläft weiter. Die Haut eines Haifisches fühlt sich an wie Sandpapier, und die Bauchhaut eines Igels ist überhaupt das Zarteste, das man sich vorstellen kann, nur denkt daran keiner. Sämtliche Haare werden in der Haut gebildet, wo auch immer sie wachsen. Ich erzähle Ratajczyk, dass sogar chinesische Nackthunde Haare besitzen, und zwar allüberall, auch wenn man sie nicht sieht. Er bohrt mir den Kopf in meine linke Nierengegend. Es interessiert ihn nicht.

‹Abdecker› ist der Name für jene Leute, die Tieren die Haut vom Körper ziehen. Darauf bin ich im Lexikon unter dem Kapitel ‹Leder› gestoßen.

Ich steige barfuß ein paarmal in den Schnee, bevor ich ins Badezimmer gehe. Es brennt ein wenig auf den Sohlen. Der Kater geht misstrauisch die Wand entlang.

Unter der Dusche bekomme ich in letzter Zeit das Gefühl, dass sich die Dinge ab jetzt nicht mehr verändern werden. Je mehr Schaum und je heißer das Wasser, desto sicherer bin ich. Ich forme mir auf dem Bauch einen Schaumkegel und zerpatsche ihn dann mit der flachen Hand. Ich mache das einmal, zweimal, dreimal. Schaumflocken sind ein wenig wie Schnee. Ich habe noch nie ausprobiert, wie lange der Warmwasserspeicher braucht, bis er komplett nachgeheizt hat. Ich verwende das Handtuch von gestern. Es ist noch etwas feucht, aber das macht nichts. Eine dunkelblaue Wollstrumpfhose, die mir demnächst zu klein sein wird, ein frisches T-Shirt, olivgrün, die Thermojeans, den Strickrolli, den hellgrünen Bademantel.

Ich schließe das Fenster, stelle das Backrohr des Küchenherdes auf zweihundertfünfzig Grad Heißluft, lasse es einige Minuten anlaufen und öffne es dann. Die Küche ist nicht sehr groß, daher wird die Temperatur bald erträglich sein. Ich schneide den Knoblauchspeck in Würfel, röste ihn leicht an, schlage drei Eier darüber und rühre das Ganze mit einer Gabel kräftig durch. Salz, Pfeffer, Toastbrot dazu, Butter, perfekt. Im Anschluss daran das übliche Ergänzungsfrühstück. Für den Kater heute nur Dosenfutter, sosehr er auch winselt.

Inzwischen ist es draußen halbwegs hell geworden. Die Terrasse ist völlig zugeschneit, gut zehn Zentimeter hoch. Keine Spur von der Amsel. Womöglich liegt sie tot unter dem Schnee, bei ihren Krokuszwiebeln. Ich bin nie gern auf diese Terrasse hinausgegangen. Vielleicht hat es mit der Höhe zu tun, vielleicht auch mit anderen Dingen. Ich stelle mir plötzlich vor, wie die Aigner in einem Lehnsessel auf der verschneiten Terrasse sitzt, eine Wolldecke bis zum Kinn, und an ihren Mann denkt. Dabei wippt sie ganz leicht mit dem Oberkörper und summt. Gegen Eingebungen soll man sich nicht wehren.

Ich nehme die übrig gebliebenen Dosen Flohnebel aus dem Schrank unter der Abwasch und wiederhole in den beiden Zimmern die Prozedur von gestern. Fenster zu, Atem anhalten, drücken, abstellen, raus. Ratajczyk ist ungefährdet. Er hockt in der Küche vor der Pfanne und sucht nach Resten von Rührei.

Auf dem Gang ist eine der Bodenplatten locker und macht ein Höllengeräusch, wenn man draufsteigt. Keiner lässt es reparieren.

Annette liegt auf dem Rücken im Bett und schaut mit großen Augen senkrecht nach oben. Im Alter nimmt das Schlafbedürfnis ab, heißt es. Ich gehe hin und sage ihr, dass ich da bin. Sie hebt die linke Hand. Der gelbe Zettel mit den wichtigen Telefonnummern hängt an der Tür zwischen Küche und Wohnzimmer. Rettung, Hausarzt, sozialer Stützpunkt, der Neffe aus Köln, die Privatnummern der mobilen Schwestern, die Chalupski. Ich könnte die Chalupski anrufen. Nach dem sechsten Läuten hebt sie ab, stelle ich mir vor, ihre Stimme schrill und verschlafen zugleich, und augenblicklich kommt auch ihr Geruch durch die Leitung. Sie würde mich unter Garantie erkennen. Ich sage daher gleich, wer ich bin. «Frau Annette ist ins Krankenhaus gebracht worden», sage ich, «es ist ein weiterer Schlaganfall, meint der Notarzt.» Ich tue einerseits auf beunruhigt, andererseits als hätte ich die Sache völlig im Griff. «Sie brauchen jedenfalls heute nicht zu kommen», sage ich. Sie atmet pfeifend. «Dieselbe Seite?», fragt sie schließlich. Ich tue so, als verstünde ich nicht sofort. «Ich meine, ob der Schlaganfall dieselbe Seite betrifft», sagt sie. «Nein, die andere», sage ich. «O Gott», sagt die Chalupski, «das ist ja furchtbar.» Ich würde noch sagen, Annette könne momentan gar nichts bewegen, gerade die Augenlider, und sei auf eine Intensivstation gebracht worden. Wie es aussehe, werde es länger dauern. «Oder eben nicht», sagt die Chalupski. Ich frage mich, wie viele Sparbücher sie schon abgezweigt hat. Aus dem Hintergrund piepst der Kanarienvogel. «Wenn Sie hinausgehen, passen Sie auf», sage ich noch, «es hat geschneit», und außerdem, dass ich das Essen auf Rädern bis auf weiteres abbestelle und dass ich mich rühren werde, sobald ich etwas Neues weiß.

Ich schiebe den Rollstuhl seitlich an Annettes Bett heran und stelle die Bremse fest. Ich fahre das Bett hydraulisch bis auf das Niveau der Rollstuhlarmstützen hoch. «Die Chalupski ist für heute abgewehrt», sage ich, «kommen Sie.» Sie freut sich. Ich beuge mich hinunter, sie umfasst meinen Nacken, und auf diese Weise hebe und drehe ich sie an den Rand des Bettes. Von dort rutscht sie direkt in den Rollstuhl hinüber. Ich streiche das Nachthemd zurecht und ziehe ihr Socken an. Dann packe ich sie bis zum Kinn in sämtliche Decken, die ich finden kann, drei Stück. «Für die Chalupski sind Sie so gut wie tot», sage ich. Sie schaut mich erschrocken an und wirft den Kopf nach links. Mit dem Arm kann sie nichts tun, denn der steckt unter der Decke fest. Ich öffne beide Fenster, hake die Flügel ein und stelle Annette mitten ins Zimmer, sodass sie in den Schneefall hinausblickt. Die Flocken sind größer geworden. «Die Eskimos haben zwanzig oder fünfzig verschiedene Wörter für Schnee», sage ich. Sie gibt einen hellen Laut von sich. Ich weiß nicht, ob sie den Winter mag. Oben in der Wohnung schlüpfe ich in die Schuhe und in die Jacke. Dann lege ich mich noch einmal auf die Couch, direkt auf den Hauch von Schnee, der sich dort angesammelt hat. Ich starre auf den feinen Riss, der sich schräg über den Plafond zieht. Ich frage mich, wie ein Brücknerhäuschen aussieht und welches Geräusch ein Zug macht, der von hoch oben in einen Fluss stürzt. Ich versuche mir drei Hexen vorzustellen, aber es gelingt nicht. Mir fällt Simones Gesichtsausdruck beim Listenschreiben ein, Nini, wie sie blass und starr dasitzt, und Lilly Bogners roter Cordblazer.

Vielleicht habe ich noch fünf Minuten geschlafen, vielleicht auch nicht. Ich gehe durch die beiden Zimmer und mache die Fenster wiederum weit auf. Das entspricht hinsichtlich der Einwirkzeit nicht der Bedienungsanleitung, aber in diesem Fall ist es egal. ‹Entwesung› ist ein ähnlich schönes Wort wie ‹zerschellen›.

Auf der Straße bemerke ich nach gut einem halben Häuserblock, dass ich die Jacke über den Bademantel angezogen habe. Ein Mann, der mich überholt, mustert mich von der Seite und grinst. «Das kommt von zu wenig Schlaf», sage ich, aber er ist schon vorbei. Ich falte den Bademantel zusammen und stecke ihn zum Pons in die Tragtasche. Die beiden Grün schlagen sich ziemlich.

Die Repka steht wie üblich an ihrer Staffelei und malt. Sie trägt einen total farbverschmierten Künstlerkittel. Ich weiß nicht, wann in der Früh sie auftaucht. Es ist jetzt jedenfalls drei Minuten vor dem Läuten, und außer der Repka befinden

sich genau vier Menschen im Zeichensaal: Alexandra, Christina, Kurt Kraupp und ich. Ich hole meine Sachen aus dem Schrank, den Blatthalter, die Bleistifte, die Kohle, das Wischschwämmchen. Die Repka malt mit Ölfarben. Sie hat zirka hundert Tuben neben sich auf einem niedrigen Tischchen liegen. Die Kontur einer menschlichen Figur, fast lebensgroß, vorwiegend in Rot, Braun und Violett. Das Ganze erinnert mich an diese Tatort-Umrisszeichnungen der Polizei. Aber vielleicht gibt es so etwas nur im Fernsehen.
Die anderen trudeln ein. Simone setzt sich neben mich, wie sonst auch. «Zwei Stunden unentschuldigt ferngeblieben», sagt sie, «macht eine schlechtere Betragensnote im nächsten Semester.» «Oje», sage ich.
«Anfangs hat übrigens niemand bemerkt, dass du vor dem Tor einfach kehrtgemacht hast.»
Ich sage gar nichts.
«Die Lubec hat jedenfalls für möglich gehalten, dass du ertrunken bist. Sie hat alle Becken absuchen lassen.»
«Ertrinken ist ein hässlicher Tod», sage ich.
Die Repka holt zwei Holzkästen, einen größeren mit Pastellkreiden und einen kleineren mit Rötelstiften, aus der Depotkammer, klappt sie auf und stellt sie vorne aufs Pult. «Zur freien Entnahme», sagt sie. Wie üblich werden maximal fünf Leute das Angebot nützen. Der Rest wird bei den Buntstiften bleiben. Davon werden die Hände nicht schmutzig, und man bekommt keine Flecken ins Gewand. Die Aufgabenstellung ist seit Schulbeginn dieselbe: Irgendetwas zeichnen, das sich im Raum befindet, egal ob einen Menschen, ein Fenster mit Aussicht oder einen Bleistiftspitzer.
«Die Ivanescu ist im Spital», sagt Simone, «Blinddarmentzündung, behaupten die einen, irgendetwas mit der Lunge,

sagen die anderen.» Alexandra sitzt da und hört zu. Sie fordert uns nicht auf, für Stefanija zu beten. Ich mache mir trotzdem Sorgen.

Ich habe zuletzt begonnen, Heizungsrohre zu zeichnen, nebeneinander und kreuz und quer, das ganze Blatt voll. Erst Bleistift, dann Kohle. Ich hole mir Pastellkreiden. Gelb, Ocker, Orange, Rot, Braun. «Und getrau dich ruhig, die Dinge zu verwischen», sagt die Repka. Ich nicke. Ich habe das mit der Kohle schon gemacht. Susanne geht wieder einmal durch die Reihen. «Was soll das sein?», fragt sie. «Heizungsrohre», sage ich. Sie schüttelt den Kopf. Sie trägt ein lila Stretchshirt mit schwarzen und silbernen Längswellen. Dazu den Patchworkschal. Das sollte jemand zeichnen. Susannes aktuelles Blatt habe ich noch nicht gesehen. Vielleicht fällt ihr auch nichts ein, und sie spioniert deshalb so penetrant herum. Zuletzt hat sie jedenfalls die Staffelei der Repka gezeichnet, was perspektivisch in einem ziemlichen Desaster endete.

Simone arbeitet seit Wochen an einem Porträt von mir. Buntstift, Halbprofil. «Der Haarreifen ist dir ganz gut gelungen», sage ich, aber das ist mehr ein Stehsatz aus Verlegenheit. Es ist einfach komisch, wenn jemand dein Gesicht zeichnet. Noch ein Stück anders als beim Fotografiertwerden. Die Wangen sind zu rund, die Augen stehen zu eng beisammen, und die Nase ist zu klein. Simone würde darauf sicher etwas ganz Vernünftiges sagen, wie zum Beispiel: «Das ist das Bild, das du von dir selber hast.» Innen drin wäre sie vermutlich schon ein wenig gekränkt.

Manche Rohre lasse ich ganz glatt durchs Bild laufen, manche schneide ich auf, und manche führen direkt aus dem Blatt heraus. Gelbe Pastellkreide auf schwarzer Zeichenkoh-

le sieht am Anfang fürchterlich aus, aber je dicker man aufträgt, desto besser wird es.
Die Repka beginnt die Fläche ihrer Figur anzumalen. Sie nimmt dazu einen extrem breiten Borstenpinsel und eine blassbraune Mischfarbe. «Unterste Schicht», sagt sie, «in der Ölmalerei ist das Übereinanderlegen verschiedener Schichten das Geheimnis, ganz ähnlich wie bei den Kreiden.» Sie strahlt dazu. Christoph beginnt daraufhin, seine gesamte Zeichnung flächig mit Kohle zu übermalen. «Ein Federpennal mit einem Radiergummi oben drauf in dunkler Nacht», sagt er und hält das Blatt hoch. «Monochrom schwarz», sagt die Repka.
Ich vergrößere das Kaliber von einigen Rohren, verbiege sie und setze viel Rot drauf. Ganz zufrieden bin ich trotzdem nicht.
Gert zeigt stolz sein Blatt herum. Wasserfarbe. «Was ist das?», fragt die Repka. Gert zieht ein beleidigtes Gesicht. «Der Pod-Racer von Anakin Skywalker», sagt er, «Star Wars Episode One.» «Wenn er sich hier im Raum befindet, habe ich ihn bisher übersehen», sagt sie. Gert springt auf. «Er ist in meinem Kopf, und mein Kopf ist hier im Raum, wenn ich mich nicht irre», ruft er. Die Repka hebt beschwichtigend die Hände. Ihretwegen könnte man vermutlich auch den Vesuv zeichnen oder den Mond. «Meinst du, übt er das zu Hause?», frage ich Simone.
«Wer übt was?»
«Gert. So wie er dasteht, den Rücken durchgestreckt, die Arme auf den Zeichentisch gestützt, total strafverteidigermäßig.»
Simone zuckt die Schultern. «Das Bild ist jedenfalls ein Schmarren», sagt sie. Ich schätze, sie hat Recht. Simone

selbst hat begonnen, die Fläche hinter meinem Gesicht in einem dunklen Grün zu schraffieren. Ziemlich gewöhnungsbedürftig. Wann hält man sein Gesicht schon vor dunkles Grün? Ich sage ihr nichts davon.
Kreide heißt ‹chalk›, Schneeflocke heißt ‹snowflake›, und Verwesung heißt ‹decay›.
Die Repka trägt als nächste Schicht ein sattes Rotbraun auf. «Also, wenn das ein Mensch sein soll, erkenne ich mich darin nicht wieder», sagt Leo Schlemmer. Die Repka lacht. «Was heißt das jetzt wohl?», fragt sie. Er kommt nicht mit. – «Ich finde das einfach mehr bunt als sonst was.» Schlemmer selbst zeichnet mit Bleistift seine linke Hand. Er hält das für einen unglaublichen Einfall. «Ich finde das Bild großartig», sagt Alexandra. Aus irgendeinem Grund steht sie auf die Repka. «Nonne!», sagt Regina.
Draußen schneit es dicht. Der Wind scheint völlig aufgehört zu haben. Ich hole mir neue Kreiden. Drei verschiedene Blautöne, Stahlgrau, Violett. Ich fange an, meine rot glühenden Rohre damit zu übermalen. Ich drücke erst fest, um viel Farbe aufs Papier zu bringen, und verwische dann mit den Fingerkuppen und dem Daumenballen.
«Wird die Ivanescu an einer Lungenkrankheit sterben», fragt Simone, «zum Beispiel an einem Asthmaanfall?» «Heute stirbt gar keiner», sage ich, «alle, die tot sein sollen, sind tot.» Simone fragt nicht weiter nach.
Am Ende ist ganz wenig Gelb und Rot und Ocker auf meinem Bild zu sehen und ganz viel von diesen Winterfarben. Alles ziemlich wild. «Fertig?», fragt die Repka. «Ja, fertig», sage ich, «tausend Schichten übereinander.» ‹Ich lache, denk ich an früher zurück.› Aber das sage ich nicht.
«Fixativ?»

«Wie bitte?»
«Willst du noch etwas verändern?»
«Nein», sage ich. Die Repka bringt ein Glasfläschchen mit einem Handzerstäuber. «Damit die Sache beisammenbleibt», sagt sie und sprüht das Bild komplett ein, ein paar Minuten später noch einmal. Das Zeug riecht nach Lack. «Wo kann man so etwas kaufen?», frage ich. «Auf alle Fälle in einem Künstlerbedarfsgeschäft», sagt sie, «eventuell auch in einer Farbenhandlung.»
Nachdem ich mir die Hände gewaschen habe, lege ich das Bild vor mich hin und lasse die Fixierung trocknen. Ab und zu schnüffle ich dran.
‹Damit die Sache beisammenbleibt.› Lösungen ergeben sich manchmal von selbst.
Da ‹to bury› begraben heißt, muss ‹unburied› so viel bedeuten wie unbegraben.
Die Repka wirkt am Ende der Doppelstunde total erhitzt. Die letzte Schicht, die sie aufträgt, ist ein dunkles Rot, beinahe ein Schwarz, direkt über einem leuchtenden Orange. «Nonne!», sagt Regina noch einmal, als Alexandra beim Hinausgehen in ihre Nähe kommt. Alexandra blickt zur Seite.
Ich bitte Simone, mir etwas vom Buffet mitzunehmen. «Ich möchte mich auf mein Referat vorbereiten», sage ich. In Wahrheit setze ich mich ans Fenster und schaue in den Schneefall hinaus. Ich denke an Ratajczyk und Annette und an die Chalupski, die mit Schnee sicher nichts anfangen kann. Nini kommt ans Fenster und sagt nichts. Sie steckt in einem schrecklichen Kleid aus blau-gelb gemustertem Flanell. Außerdem gehört sie jetzt schon zu jenen dicken Menschen, die ihr Leben lang alles um eine Nummer zu klein tragen, sogar die Hausschuhe. «Weißt du etwas von Stefanija?»,

frage ich. Sie schüttelt den Kopf. «Einige behaupten: Blinddarmentzündung», sagt sie. Sie isst ein Käsebrot, langsam und in sehr großen Bissen. Sie hat winzige und ungewöhnlich regelmäßige Zähne. Kein einziger steht schief.
Simone bringt mir eine Zimtschnecke und Kakao. «Kakao beruhigt die Nerven», sagt sie. Als Apothekerstochter muss sie es ja wissen. Zimtschnecken beruhigen auch die Nerven. Leo Schlemmer nimmt Weibl sein Schinkenbrot weg. «Psychopath», sagt McNair und schenkt Weibl eine Wurstsemmel. Er hat zwei. Schlemmer denkt nach, ob ein Psychopath etwas Schlimmes ist. Er kommt nicht drauf. Keiner hilft ihm.
«Judith ist schon wieder weg», erzählt Simone, «Blacky sagt, der Arzt hat ihr zu starke Beruhigungsmittel verschrieben, oder überhaupt die falschen. Er war ziemlich sauer.» Ich denke an den Eisbärensweater. «Kennst du Judiths Mutter?», frage ich Simone. «Nein», sagt sie, «warum?»
«Einfach so. Vielleicht aus der Apotheke, habe ich gedacht. Aber es ist nicht so wichtig.»
Ich stelle mir vor, wie Judith mit ihren Eisbären spricht, sooft sie alleine ist, und wie sie sich insgeheim nichts sehnlicher wünscht, als einmal in ihrem Leben in die Arktis zu kommen oder nach Grönland oder wo sie halt sonst zu Hause sind.
«Snowflake», sage ich leise vor mich hin, «unburied, skin and bones.»
Kurkowski betritt die Klasse. Groß, glatt, mit Anzug und Gel in den Haaren. Susanne blickt verzückt. Sie findet ihn attraktiv. Irgendwie passt er zu ihrem Stretchshirt, das lässt sich nicht abstreiten; vor allem zu diesen silbernen Wellen.
«Die unvorhersehbare Abwesenheit des Herrn Kollegen Widmann verschafft mir das Vergnügen», sagt Kurkowski

und grinst säuerlich. Die beiden können sich nicht leiden, das weiß das ganze Haus.
Gert hebt tatsächlich die Hand und fragt: «Müssen wir von Ihnen die Zeugnisse entgegennehmen?» Kurkowski stutzt kurz, lässt dann seine Tasche auf den Schreibtisch fallen. «Wer muss schon etwas?», fragt er, «sterben muss man.» Manchmal haben auch Trottel Recht. Er streicht sich über die Frisur, setzt sich breit in den Drehstuhl und kramt in einer grauen Mappe mit mehreren Fächern.
Simone tupft mich von hinten an. «Was machst du mit deinem Referat?», fragt sie. Ich zucke mit den Schultern. «Weißt du, was ‹decay› heißt?», frage ich zurück. Sie schüttelt den Kopf. «Verwesung», sage ich.
«Und inwiefern hat das mit deinem Referat zu tun?»
«Nur am Rande», sage ich, «die Haut liegt zum Beispiel ganz außen, ist aber bei weitem nicht das Erste, das verwest.»
«Und die Knochen?», fragt sie.
«Verwesen nur unter ganz besonderen chemischen Bedingungen», sage ich. Simone schaut erstaunt. Keiner rechnet damit, dass Knochen überhaupt verwesen. Kurkowski schlägt mit der flachen Hand auf den Tisch. Alle sind ruhig. Die Geschichte wird alphabetisch abgewickelt. Das bedeutet, dass ich als Dritte drankomme. Regina Albrecht. Sie grinst in die Klasse und steckt das Zeugnis in ihren Rucksack, ohne einen Blick darauf zu werfen. Christoph Bacher. Er macht erst ein Mordstheater, flehend gefaltete Hände und so, und ist dann völlig von den Socken, weil er sowohl in Musik als auch in Werken eine Eins bekommen hat.
Ich. Kurkowski hat eigenartig dünne Augenbrauen und eine feine Narbe, die in die Oberlippe hineinreicht. Außerdem schaut er einen nicht an. Meine Noten sind in Ordnung. Kei-

ne Überraschung. «Danke schön», sage ich. Ich falte das Blatt einmal und lege es vorne in den Pons. Dann nehme ich meine Sachen und gehe. Niemand hält mich auf. Bis zur Garderobe drehe ich mich kein einziges Mal um.
Es schneit immer noch. Der Direktor scheint heute mit dem Mercedes gefahren zu sein. Unter dem vielen Schnee ist der Wagen allerdings nicht hundertprozentig zu erkennen. Nach zwanzig Schritten auf dem ungeräumten Parkplatz sind meine Schuhe komplett mit Schnee gefüllt. Ich steige bei der ersten Gelegenheit in den Bus. Er ist fast leer. Mir schräg gegenüber sitzen zwei Frauen und bewundern gegenseitig ihre Einkäufe. Ich hätte Lust, sie anzuquatschen: Möchten Sie nicht mein Semesterzeugnis sehen, niemand gibt mir etwas dafür, lasse es dann aber bleiben. Ich schlüpfe aus den Schuhen, klopfe sie ab und knete meine Zehen durch. Sie sind noch nicht wirklich kalt.
Am Beginn der Rotenturmstraße steige ich aus und gehe zu Fuß in die Wollzeile.
Es ist exakt jenes Geschäft, vor dem ich den Trafikanten mit Hilfe einer Blutvergiftung zu Tode gebracht habe. Das linke der beiden Schaufenster ist voll mit Aquarellsachen. Farben, Blöcke, Pinsel. Brauche ich alles nicht. Ein älterer dünner Mann mit Brille bedient mich. Ihm ist sofort klar, was ich möchte. Er bringt zwei verschiedene Fertigfixative in Form von Spraydosen und die Variante Glasflasche plus Zerstäuber. «Reine Geschmackssache», sagt der Mann, «qualitativ ist kein Unterschied.» Ich nehme alle drei. Als er ein wenig komisch schaut, erzähle ich ihm von meiner Großmutter, die seit ihrer Pensionierung wie eine Wahnsinnige zeichnet und malt. «Vor allem Pastellkreiden haben es ihr angetan», sage ich, «sie verbraucht sie in ungeheuren Mengen.» Die

Großmutter beruhigt ihn. Ich zahle bar. Vielleicht beruhigt ihn das auch. Im Weggehen frage ich ihn noch, ob in letzter Zeit vor seiner Eingangstür rein zufällig ein Mann gestorben ist. Er starrt mich aus großen Augen an.

Zurück in die Rotenturmstraße, vorbei an dem großen italienischen Kaffeehaus, das Foto-Karussell, das Wäschegeschäft, die Buchhandlung, die Parfümerie. Neunzig Euro beim Bankomaten an der Ecke zum Fleischmarkt. Die Bäckerei mit den Topfenbällchen, die Mini-Pizzeria. Von der Schneeballeuphorie des Pizzaverkäufers ist nichts mehr zu bemerken. Bei diesem Wetter macht er anscheinend wenig Geschäft. Die ‹Capricciosa› ist aus. Ich nehme eine ‹Quattro Stagioni› und eine ‹Rusticana›. «Heute nicht vier Stück?», fragt der Verkäufer. Dafür ist er mir sympathisch, trotz seiner schlechten Laune.

Auf dem Weg von der U-Bahn nach Hause schreibe ich auf ein Auto ‹Schnee›, auf ein zweites das Wort ‹sparkle›, obwohl ich weiß, dass Schneeflocke ‹snowflake› heißt.

Unmittelbar hinter dem Haustor schlüpfe ich aus der Jacke, nehme den hellgrünen Bademantel aus der Tasche und ziehe ihn an. Jacke drüber, fertig. Manchmal macht man Dinge nur, weil man sie am Morgen auch gemacht hat.

Ratajczyk liegt mitten im Badezimmer auf dem auberginefarbenen Handtuch und schläft. Er hat es sich offenbar vom Duschkabinenrahmen runtergekrallt. Ich kraule ihm den Bauch. Er pfeift und öffnet das linke Auge.

Ich gehe durch die Wohnung. Die Luft ist glitzernd sauber. In den Räumen liegt überall Schnee, auf der Couch, auf dem Teppich, unter jedem Fenster ein lockerer Berg.

Die Fixieraktion dauert etwas länger als gedacht. Der Holzkitt bröckelt in den Löchern und muss erst nachgebessert werden. Außerdem ist das Pumpen mit dem Handzerstäuber mühsam. Am Ende sind jedenfalls alle drei Behälter leer. ‹Damit die Sache beisammenbleibt›, denke ich. Der Lackgeruch wird bald verschwunden sein.

Der Kater sitzt vor dem Sichtfenster des Backrohrs und starrt auf die Pizza. Ich erzähle ihm von den wenigen Stellen des menschlichen Körpers, an denen die Haut ganz knapp über dem Knochen liegt. Zum Beispiel am Ellbogen, am Schienbeinkopf oder an der Stirn. «Haut mit Haaren und Nervenendigungen», sage ich, «Unterhaut, Beinhaut, äußere Knochenlamelle, Mittelbereich des Knochens, innere Knochenlamelle.» Ich erzähle ihm, dass es in der Stirnhaut eher wenige Nervenendigungen gibt und man daher dort nicht sehr schmerzempfindlich ist. Und ich erzähle ihm, dass alle Knochen so raffiniert gebaut sind, dass die Kräfte, die sie zum Brechen bringen, unverhältnismäßig groß sein müssen. Ratajczyk kurvt heran und schlägt seine Krallen in den Saum des Bademantels. Würde er sich für Knochen interessieren, wäre er ein Hund.

Ich breite meine Jacke auf die Couch und setze mich drauf. Meine Musik. Der leise Teil. Behold, a ghastly band, each a torch in his hand. Those are Grecian ghosts, that in battle were slain, and unburied remain inglorious on the plain.

Es wird heller. Es scheint nicht direkt die Sonne, aber es wird heller. «Gehst du mit hinaus?», frage ich den Kater. Er dreht die Ohren einmal im Kreis. Er läuft nicht davon, das ist bemerkenswert.

Ich öffne die Terrassentür. Wenn ich mich ein wenig vorbeuge, kann ich die Fenster von Annettes Wohnung sehen. Sie sind geschlossen. Ich drehe mich um. Der Kater sitzt unmittelbar hinter mir.

Ich mache drei, vier, fünf große Schritte auf die Terrasse hinaus, mitten hinein in den Schnee. Ich ziehe den Gürtel des Bademantels fest, lege die Arme eng an den Körper und lasse mich nach hinten fallen. Ich führe die Arme ausgestreckt in kleinen schlagenden Bewegungen nach oben, bis sie oberhalb meines Kopfes zusammenstoßen. Auf diese Weise wachsen mir links und rechts Flügel. ‹Engel› sagen manche Leute dazu oder ‹Adler›.

Schnee liegt auf meinem Gesicht. Ich blase ihn weg. Außerdem ist mir der Haarreifen verrutscht. Aber das macht nichts.

sechs

Es hatte weiter abgekühlt. Die Innenseite seines Biwakdaches war mit Raureif überzogen. Er schätzte die Temperatur auf minus zehn bis minus fünfzehn Grad.
Der Rabe war da. Aus dem Liegen sah er nur seinen Kopf. Als er an den Rand der Hängematte griff, um sich hochzuziehen, wurde ihm schlecht. Er krallte sich fest. Das machte es nicht besser. Die Hand war über das Handgelenk hinaus düsterrot und dick. Nur Daumen und kleiner Finger waren ausgespart. Bei jeder Bewegung lief eine Welle von Schmerz durch seinen Arm, bis in die Schulter hinauf. Er fluchte. Peichl hatte ihm seinerzeit Röntgenbilder von komplett zerstörten Gelenken gezeigt. «Das passiert, wenn man nichts unternimmt», hatte er gesagt und war dabei voller Leidenschaft gewesen. Er hatte ihm daraufhin vom Klettern erzählt, und Peichl hatte ihm in Wahrheit nicht sagen können, ob es gut für die Knochen war oder nicht.
Er holte das dunkelbraune Fläschchen mit den Codeintropfen aus dem Apothekenetui. Mund auf, Zunge raus, eins bis zwanzig, plus fünf Stück als Bonus. Nachspülen. Das lauwarme Wasser schmeckte zumindest genauso grauenhaft wie das Medikament. Er umwickelte die Hand mit einer elastischen Binde, von den Fingerspitzen bis knapp vor den Ell-

bogen. Für einen Rechtshänder war das eine anspruchsvolle Sache, speziell das Festmachen mit diesen winzigen Fixierkrallen.

Er kroch in die Kleider und begann Schnee zu schmelzen. Alles mit links. Keiner wollte das. Der Topf kippte. Der Kocher stand permanent schief. Selbst der Piezozünder streikte bei den ersten Versuchen, ihn mit dem linken Zeigefinger zu bedienen.

Der Vogel ergriff die Flucht, als er sich näherte. Die Kuhle des Horstes besaß inzwischen eine Tiefe von gut zwanzig Zentimetern. Sie sah richtig nett aus, sogar einige kleine schwarze Federn gab es als Polsterung. Die Ravioli waren weg. Es war allerdings nicht ersichtlich, ob das Tier sie gefressen oder sonst wie entsorgt hatte.

Der Schnee fiel wie eine weiche, geschlossene Wand. Das Licht, das er erzeugte, war eher hellgrau als weiß. Es war vollkommen still. Wenn man einige Zeit hinausschaute, bekam man das Gefühl, die Welt bestehe aus einem einzigen Raum, sonst nichts.

Er dachte an die Gämsen. Sie wanderten unter solchen Bedingungen in den Hochwald hinab, gingen aber angeblich kaum an die Fütterungen.

Seine Aufstiegsspur war mit Sicherheit längst verschwunden. Den Volvo gab es vermutlich noch.

Er trank Tee mit viel Zucker und aß Schokolade. Er war achtzehn gewesen, als er sich in der Silvretta eingegraben hatte, unmittelbar unterhalb des Piz Buin. Die Sache mit der Nächtigung in einer Schneehöhle stand schließlich in jedem dieser Alpinbücher. Noch vor Mitternacht hatte es wie verrückt zu schneien begonnen. Er hatte nicht wirklich darauf geachtet, hatte gelesen und war dann überhaupt eingeschlafen.

Geweckt hatte ihn der Schnee, der plötzlich überall gewesen war, auf seiner Brust, auf seinem Gesicht, in seiner Lunge. Er hatte gebrüllt, aus Angst, er müsse ersticken, und wild um sich geschlagen. Irgendwie hatte er den Kopf dann doch an die Luft gebracht. Die Decke seiner Behausung war unter dem zunehmenden Schneedruck eingestürzt, das hatte er bald begriffen, auch dass seine Lampe gut einen Meter tief unter ihm verschüttet lag, ebenso der Proviant, die Thermosflasche und die Schaufel. Er war erst frierend dagesessen, um zu warten, bis es hell wurde. Schließlich hatte er doch begonnen, mit den Händen zu graben. Bis zum Morgen hatte er alle seine Sachen gefunden außer sein graues Salewa-Stirnband. Er hatte die Geschichte viele Jahre später Elvira erzählt, sonst niemandem.

Er sah das Stirnband bildhaft vor sich, auch die Grube, die er damals hinterlassen hatte, aber das hing möglicherweise bereits mit der Wirkung der Tropfen zusammen.

Sie hatten inzwischen garantiert sämtliche Talstützpunkte besetzt und an den Zufahrtsstraßen Fahrzeuge des Einsatzkommandos postiert. Die Rothenberg trat vielleicht genau in diesem Moment vor das Gasthaus, die beige Daunenjacke mit der pelzgesäumten Kapuze lose auf den Schultern, und blickte in den Himmel. «Alles ist letztlich eine Frage der Zeit», würde sie zu dem grauhaarigen Polizisten an ihrer Seite sagen. Der Polizist würde nicken, dann würden beide zur Rindsuppe gehen.

Die Zettel. Er erinnerte sich, dass er sie gefaltet und in eine kleine grüne Plastikmappe gesteckt hatte. Sonst wusste er nichts mehr. Während des Suchens stieß er mit der rechten Hand einmal gegen eine Felskante, ein anderes Mal blieb er am Griff des Packsackes hängen. Es tat immer noch höllisch

weh, aber es machte ihm weniger aus. Der innere Polster. Er fand die Mappe schließlich im Innenfach des Rucksackes, direkt unter der Rückenverstärkung.
Ein polternder Laut, als der Rabe landete. Er trug diesmal etwas Längliches mit sich, das irgendwie aussah wie eine Schlange.
Zwei Seiten mit Satzanalysen, drei Aufsätze, das war alles. Hellgelbes Papier, Füllfeder, der letzte Aufsatz Kugelschreiber. ‹Der Trafikant nahm bedächtig seinen Hut vom Garderobenhaken.› Vom Garderobenhaken – Ortsergänzung oder Präpositionalergänzung im dritten Fall. Zwei Fragezeichen. ‹Die Schülerin tritt jeden Tag zur gleichen Zeit in die Klasse.› ‹Am Abend erzählte der Postamtsleiter seiner Frau eine unglaubliche Geschichte.› Ursprünglich hatte sie ‹seiner Tochter› geschrieben gehabt, es dann aber zweimal durchgestrichen. ‹An manchen Tagen kann dir niemand sagen, wo das Leben hinführt.› Wo das Leben hinführt – Ergänzungssatz im vierten Fall. «Könnte es nicht sein, dass sie sich einfach zu wichtig nimmt?», hatte ihn die Raab-Schöny einmal gefragt. Darauf war ihm nichts eingefallen.
Tee mit Renettenbrand. Den Rest der Schokolade. Der Rabe hackte mächtig auf etwas ein. Er nahm das Fernglas zur Hand. Es war für die herrschenden Verhältnisse zu lichtschwach, und er sah den Vogel nur als strukturlose schwarze Fläche. «Schlangentöter», sagte er laut vor sich hin. Dem Raben war das egal.
Wie rasch sie anrückten, hing davon ab, ob es ihnen tatsächlich gelungen war, so jemanden wie Degenfeld zu verpflichten.
‹Die meisten Trafiken haben von dreizehn bis fünfzehn Uhr geschlossen.› ‹Manche Leute freuen sich nicht auf den Sonn-

tagsspaziergang.› Präpositionalergänzung. ‹Die beiden Brüder verbrachten auch im Erwachsenenalter ihre Freizeit gemeinsam.›
Zehn Kniebeugen, zwanzig, vierzig. Tee mit zwei Tabletten Vitaminbrause. Es verschwammen ihm immer wieder die Dinge vor den Augen.
Der Aufsatz über die Wanderung durch den Wienerwald. Die Passage, in der sich das Mädchen irrtümlich in einen Ameisenhaufen setzte. Dann der Satz: ‹Die Frage war, ob sich das Gefühl beschreiben ließ, wenn man mit dem Gesicht in einen Ameisenhaufen gepresst wurde.› Ballspiel auf der Wiese. Eine Blase an der Ferse. Am Ende saßen alle in der Jausenstation und aßen Eis.
Er versuchte aufzustehen. Es schleuderte ihn gehörig. Daneben nahm der Schmerz in der Hand wieder zu. Eine weitere Portion Tropfen. Wennschon, dennschon. Er legte sich hin.
Die Aufzeichnungen über die Landschulwoche. Der Abschnitt über den Besuch im Schweinestall. ‹Ein großes Schwein fraß ein Ferkel auf. Wir waren alle entsetzt. Der Bauer sagte, das ist ganz normal, denn Schweine sind doch Allesfresser.› Die Mostobsternte. Das Lagerfeuer. Der Schluss. ‹Die meisten fuhren nach diesen anstrengenden Tagen gern wieder nach Hause. Manche nicht.›
Die Figuren tanzten wirr vor seinem Kopf herum. Nausch, die Rothenberg, Frey, die beiden Repkas. Degenfeld, der plötzlich mit zwei Krücken ging, Max, das Mädchen. Die Raab-Schöny, neben ihr Elvira, beide zum Greifen, kein Vergleich. Der Rabe lärmte in seinem Nest. Irgendetwas passte ihm nicht.
Er stellte sich vor, wie die Raureifnadeln von seinem Dach zu ihm herabwuchsen, so lange, bis sie ihn berührten.

Der dritte Aufsatz. ‹Mein Weihnachtsabend›. Eine Tanne wird gekauft, die bis an die Decke reicht. Der Christbaumschmuck wird ergänzt, denn jedes Jahr geht etwas zu Bruch. Man bereitet ein Essen mit teurem Fisch und jungen Erbsen zu und hintennach einem Kastanienpudding. Schließlich werden Lieder gespielt, ‹Jingle Bells›, ‹Feliz Navidad› und am Schluss ‹Stille Nacht›. Dann die Glocke. ‹Ich weiß, dass alle da sind. Ich sehe sie nicht, aber ich weiß es. Man schiebt mich ins Zimmer. Ich rieche den Baum und die Wunderkerzen. Ich stehe da, mit geschlossenen Augen, diese große rote Schleife um den Bauch. Irgendjemand kichert leise, und jemand anderer sagt: Frohe Weihnachten.›

Der Vogel verschwamm ihm komplett, sosehr er sich auch abmühte. Er rutschte ans Fußende der Hängematte, setzte sich aufrecht hin und nahm das Gewehr vom Haken. Er stützte den linken Arm auf den Oberschenkel und legte sich den Schaft in die geöffnete Hand. Langsam brachte er sein Auge vor das Zielfernrohr. Er versuchte ganz ruhig zu atmen. Nichts. Er hielt die Luft an. Dasselbe. Flecken, Schleier, ein wilder Wellengang, sonst nichts.

Er legte das Weatherby zur Seite und ließ sich über den Rand der Hängematte nach unten gleiten, die linke Schulter voran. Der Boden war kälter als erwartet. Er begann auf den Ausgang der Höhle zuzukriechen. Steine bohrten sich in seine Knie. Er versuchte den rechten Arm möglichst nicht zu belasten. Er dachte an Elvira, an rote Schleifen und an den Hollerbusch bei Sonnenschein. Dann war er dort, ganz nahe.

Vorsichtig richtete er sich auf. Der Rabe wandte den Kopf und blickte ihn an. Die struppigen Federn am Ansatz seines Schnabels waren von Reif überzogen. Oben auf dem Rand des Nestes lag eine tote Maus. Das sah er genau.

Der Autor dankt der Stadt Wien,
die die Arbeiten an diesem Buch
durch das Elias-Canetti-Stipendium
unterstützt hat.

Foto: Miriam Berkley

Harry Mulisch

«Mulisch kann in diesen Zeiten als Rarität gelten – ein Autor, der intuitiv psychologisch tiefe Romane schreibt.» John Updike, The New Yorker

Das Attentat
Roman. 3-499-22797-5

Augenstern
Roman. 3-499-22244-8

Höchste Zeit
Roman. 3-499-23334-7

Die Prozedur
Roman. 3-499-22710-X

Die Säulen des Herkules
Essays. 3-499-22449-6

Selbstporträt mit Turban
Autobiographie. 3-499-13887-5

Das sexuelle Bollwerk
Sinn und Wahnsinn
von Wilhelm Reich
3-499-22435-6

Das Theater, der Brief und die Wahrheit
Ein Widerspruch
3-499-23209-X

Vorfall
Fünf Erzählungen
3-499-13364-4

Zwei Frauen
Roman. 3-499-22659-6

Die Entdeckung des Himmels
Roman
Eine in das umtriebige und abgründige zwanzigste Jahrhundert ausschwärmende Geschichte über eine ungewöhnliche Freundschaft.

3-499-13476-4

Deutschsprachige Literatur bei rororo

Die neuen Klassiker

Elfriede Jelinek
Die Klavierspielerin
Roman. 3-499-15812-4
Einer der meistdiskutierten deutschsprachigen Romane: Der Klavierlehrerin Erika Kohut, von ihrer Mutter zur Pianistin gedrillt, ist es nicht möglich, aus ihrer Isolation heraus eine sexuelle Identität zu finden. Unfähig, sich auf das Leben einzulassen, wird sie zur Voyeurin. Als einer ihrer Schüler mit ihr ein Liebesverhältnis anstrebt, erfährt sie, dass sie nur noch im Leiden und in der Bestrafung Lust empfindet.

Friedrich Christian Delius
Der Königsmacher
Roman. 3-499-23350-9

Peter Rühmkorf
Außer der Liebe nichts
Liebesgedichte. 3-499-23260-X

Helmut Krausser
Schmerznovelle
3-499-23214-6

Peter Schneider
Das Fest der Missverständnisse
Burg erforscht die Medizingeschichte im Nationalsozialismus. Was eher zufällig beginnt, entwickelt sich zu einer zerstörenden Obsession, die auch die Wahrnehmung der Gegenwart zwanghaft überformt.

3-499-22728-2

Eine kurze Geschichte vom Fliegenfischen

»Spannend, gespenstisch, auf der Höhe der Zeit!«
Volker Kaukoreit

»Ein großer Wurf! **Paulus Hochgatterer** entwickelt mit großem sprachlichem und erzählerischem Feingefühl ein kunstvolles Psychogramm dreier ebenso repräsentativer wie sympathischer Vertreter seiner Zunft.«
Vorarlberger Nachrichten

www.deuticke.at